14,00

Pequena Estética

Coleção Debates
Dirigida por J. Guinsburg

Conselho Editorial: Anatol Rosenfeld, Anita Novinsky, Aracy Amaral, Boris Schnaiderman, Celso Lafer, Gita K. Ghinzberg, Haroldo de Campos, Maria de Lourdes Santos Machado, Regina Schnaiderman, Rosa R. Krausz, Sábato Magaldi, Zulmira Ribeiro Tavares.

Equipe de realização: Haroldo de Campos, organização; J. Guinsburg, Ingrid Dormien, tradução; Haroldo de Campos, J. Guinsburg, Gita K. Ghinzberg, Dorothea Gropp, revisão; Geraldo Gerson de Souza e Janes Mitediere, produção; Moysés Baumstein, capa.

*Obra publicada
com a colaboração da*

UNIVERSIDADE DE SÃO PAULO

REITOR: *Prof. Dr. Miguel Reale*

EDITÔRA DA UNIVERSIDADE DE SÃO PAULO

Comissão Editorial:

Presidente — Prof. Dr. Mário Guimarães Ferri (Instituto de Biociências). Membros: Prof. Dr. A. Brito da Cunha (Instituto de Biociências), Prof. Dr. Carlos da Silva Lacaz (Instituto de Ciências Biomédicas), Prof. Dr. Irineu Strenger (Faculdade de Direito) e Prof. Dr. Pérsio de Souza Santos (Escola Politécnica).

Max Bense

Pequena Estética

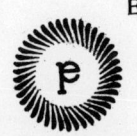

EDITORA DA UNIVERSIDADE DE SÃO PAULO
Editôra Perspectiva   São Paulo

Título do original:
Kleine Aesthetik — Einfuehrung in Probleme und Resultate der Informationsaesthetik

Copyright by Max Bense

Direitos reservados para a língua portuguêsa à
EDITÔRA PERSPECTIVA S.A.
Av. Brig. Luís Antônio, 3.025
São Paulo
1971

Sumário

Nota de Organização 9
Umbral para Max Bense 11

1. PEQUENA ESTÉTICA

Prefácio 45
Introdução 49
1. Semiótica Abstrata 53
2. Teoria Geral do Repertório 65
3. Signo e Informação 71

4. Identificação Física, Semiótica e Estética do
   Mundo 87
5. Estados Estéticos 91
6. Macroestética Numérica 105
7. Classificação Macroestética Final 117
8. Microestética Numérica 123
9. Estética Gerativa 135
10. Estética Valorativa 141
11. Temática Sujeito-Objeto 147
Epílogo 151

2. PEQUENA ANTOLOGIA BENSIANA

1. Montagem: Max Bense 155
2. Teoria do Texto 171
3. Textos Visuais 175
4. Poesia Natural e Poesia Artificial 181
5. Poesia Concreta: Grupo "Noigandres" ... 189
6. Fotoestética 201
7. Brasília 209
8. Lygia Clark: Objetos Variáveis 219
9. Mira Schendel: Reduções Gráficas 223
10. A Fantasia Racional 227

NOTA DE ORGANIZAÇÃO

Êste volume, dedicado à obra e à personalidade de Max Bense, compõe-se de duas partes. A primeira é constituída pela tradução do texto integral de *Kleine Aesthetik* (Pequena Estética), de 1968. A segunda, por uma *Pequena Antologia Bensiana,* recolhendo textos esparsos de Bense, que traduzi e publiquei em jornais e revistas brasileiros, desde 1960. Esta segunda parte dá uma dimensão prática e de aplicação a muitos conceitos teóricos desenvolvidos na estética bensiana. Além disto, documenta o interêsse do filósofo alemão pelas manifestações de vanguarda da cultura brasileira.

O organizador agradece a colaboração de todos os que participaram do preparo dêste volume, em especial a de J. Guinsburg (na revisão geral) e a de Gita K. Ghinzberg (na revisão matemática). Registro à parte merece também a colaboração de Alexandre Wollner, ex-aluno de Max Bense na Escola Superior da Forma, Ulm, que cedeu para êste livro algumas de suas criativas composições fotográficas, prestando, assim, a sua homenagem pessoal a Bense. Cabe assinalar, finalmente, as fotos de Marco Antonio A. Rezende, especiais para esta edição.

São Paulo, novembro de 1970

HAROLDO DE CAMPOS

Umbral para Max Bense

Haroldo de Campos

> "Enquanto com Max Bense eu ia
> como que sua filosofia
> numeral, tôda em esquadrias
> do metal-luz dos meios-dias,
> arquitetura se fazia..."
> (João Cabral de Melo Neto)

> "Energique et fougueux, doué d'une contention, d'une densité (*bens*ité) extrême, il donne l'impression de la plus grande force: rayonnante, mais tenue à rênes courtes (*ma*xima)."
> (Francis Ponge)

1.

A estética de Max Bense vem sendo desenvolvida desde 1954, pelo menos [1], com a publicação do primeiro volume de sua obra quadripartite (*Aesthetica I — Metaphysiche Beobachtungen am Schoenen*, 1954; *Aesthetica II — Aesthetische Information*, 1956; *Aesthetica III — Aesthetik und Zivilisation*, 1958; *Aesthetica IV — Theorie der aesthetischen Kommunikation — Programmierung des Schoenen*, 1960), hoje reunida em um só tomo, sob o título geral *Aesthetica* (Baden-Baden: Agis-Verlag, 1965). A esta obra se deve acrescentar uma teoria geral e uma estética do texto (*Theorie der Texte*, 1962).

O presente livro, cujo título original é *Kleine Aesthetik* [2], não é, como se poderia imaginar, uma síntese da obra anterior. É antes um desenvolvimento relativamente autônomo dela, contendo-lhe as premissas, porém elaborando e prolongando várias de suas linhas, com a indicação (às vêzes, apenas, o breve registro) de alguns dos principais problemas que Bense, atualmente, se propõe.

Já em 1959, quando abordei pela primeira vez a nova estética bensiana, escrevi que se tratava de uma estética "em progresso", dinâmica, suscetível de constante transformação [3]. E, realmente, estamos diante de uma estética em permanente processo de completação, que não se pretende um sistema "concluso", definitivo. Nesse sentido, o autor nos adverte, no prefácio e na introdução do presente livro, que sua estética pode também ser caracterizada como "científica", estando o seu arcabouço teórico sempre sujeito à correção do experimento e da pesquisa. É, ainda, uma reflexão voltada para o nôvo e o experimental no campo da produção artística (do texto às artes plásticas, ao *design*, à música), o que também contribui para o seu

---

1 A Bibliografia de Bense, organizada por Elisabeth Walther (*Max Bense / Bibliographie*, 1930 bis 1. Mai 1967), registra numerosos títulos anteriores a 1954, que têm interêsse para a constituição de sua estética.

2 Êste livro foi incluído, com algumas modificações, no volume *Einfuelirungen die informations-theoretische Aesthetik* (Hamburgo: Rowohlt, 1969), que contém ainda uma introdução à teoria do texto.

3 "A Nova Estética de Max Bense", estudo incluído em *Metalinguagem* (Petrópolis: Vozes, 1970).

caráter programàticamente "aberto", por vêzes deliberadamente "tendencioso" ("tendência" e "experimento" são, mesmo, para Bense, "as únicas categorias essenciais da criação", e com êsse lema êle dirigiu e publicou, de 1955 a 1960, coadjuvado por Elisabeth Walther, uma revista, *Augenblick*).

Evidentemente que, pelo seu próprio sentido dinâmico e resolutamente experimental, esta estética bensiana se presta à controvérsia e ao debate, incita à polêmica. O que é salutar, quando sabemos que a arte de nosso tempo, ela própria, no que tem de mais ousado, se coloca no horizonte do precário, desprezando o confôrto das formas fixas e a tutela sereníssima do eterno.

Muitos pontos de contato tem a reflexão bensiana com outras manifestações do pensamento crítico de nosso tempo. Já assinalei, no mencionado trabalho de 1959, o paralelo que pode ser traçado entre algumas das idéias centrais de Max Bense e, por exemplo, pontos de vista teóricos dos chamados formalistas russos, precursores do estruturalismo contemporâneo. Antes do que terem criado uma teoria acabada ("ciência feita"), um método rígido, os formalistas pretendiam simplesmente ter elaborado um suporte teórico operacional, sensível às cambiâncias da prática. Para êles, também, a obra de arte deveria ser encarada na sua materialidade mesma. Quando Bense proclama que sua estética não se ocupa do "belo", mas da mensuração de "estados estéticos" em "portadores materiais"; quando manifesta que ela não é "especulativa" (no sentido kantiano, que concerne aos objetos inacessíveis à experiência), porém empírico-racional, objetivo-material; quando rejeita uma estética de tipo gustativo-interpretativo [*Gefallensaesthetik*], permite o cotejo com posições daqueles pioneiros russos da moderna crítica literária [4]. De fato, o fulcro de interêsse dos chamados formalistas era o produto em si mesmo, não a sua gênese extraliterária (biográfico-ambiental, psicológica etc.). Procuravam explicar a fabricação técnica da obra literária, em lugar de incrementar uma

---

4 Cf. Victor Erlich, *Russian Formalism* (Haia: Mouton, 1955); Tzvetan Todorov, *Théorie de la littérature* (Paris: Seuil, 1965); Krystyna Pomorska, *Russian Formalist Theory and its Poetic Ambiance* (Haia: Mouton, 1968).

suposta mística da criação. Assim, formularam uma teoria da obra literária como um produto verbal, cujo material é a linguagem. Numa fase inicial, seu aproche foi eminentemente fônico, com uma correlata minimização no que respeita ao tratamento de problemas semânticos, como ocorre, em dados momentos, na estética bensiana, quando ela privilegia a pura materialidade estatística, o "estado caógeno" dos produtos artísticos (abordagem a seguir matizada, em Bense, com a consideração do aspecto "semantema" dos fenômenos; no caso dos formalistas, com o estudo da relação dialética "som e sentido", que inspira, por exemplo, desde suas primícias, a atividade de Roman Jakobson). Eichenbaum, escrevendo em 1927 sôbre a teoria do "método formal", adota como epígrafe a seguinte frase do célebre botânico A.P. de Candolle: "Le pire, à mon avis, est celui qui représente la science comme faite". Sua concepção do método é uma concepção "imanente". Vale dizer, os formalistas se reservavam o direito de refinar e modificar seu método sempre que encontrassem fenômenos irredutíveis às "leis" anteriormente enunciadas. Eichenbaum denuncia a posição daqueles (sobretudo os epígonos) que queriam converter o método formal em algo dogmático, em um sistema inflexível. "Em nosso trabalho científico" — refere — "valorizamos a teoria ùnicamente como hipótese de trabalho, para ajudar-nos a descobrir e a compreender os fatos: procuramos determinar a regularidade dos fatos, para usá-los, assim, como material de investigação. (...) Postulamos princípios concretos e aderimos a êles enquanto o material o justifica. Se a matéria demanda o aperfeiçoamento ou a mudança dos princípios, nós o fazemos. Neste sentido, sentimo-nos bastante livres em relação às nossas próprias teorias — tal como a ciência o deve ser, na medida em que teoria e convicção são coisas diferentes. Não existe ciência já pronta; a ciência vive não pela postulação de verdades, mas pela superação do êrro." Os formalistas admitiam e mesmo acoroçoavam a pluralidade metodológica, desde que o caráter empírico e intrínseco do estudo fôsse preservado. Aspiravam assim à criação de uma "ciência literária autônoma, a partir das propriedades intrínsecas do material literário", embora não reconhecessem um método apriorístico e auto-suficiente.

É verdade que os formalistas rejeitavam, igualmente, a idéia de construir teorias gerais e se afastavam dos problemas estéticos, preferindo às questões de generalidades os problemas concretos postos pela análise da obra de arte. Êste aspecto, porém, não deixa de apresentar certa ambigüidade. Como repara Todorov, essa recusa de premissas filosóficas e generalizações metodológicas não pode deixar de ser algo surpreendente, quando parte de estudiosos que, embora negando valor autônomo a seu método, elaboraram na realidade uma das mais bem travadas doutrinas metodológicas no campo da teoria da literatura.[5] Bense, por seu turno, cogita simultâneamente de problemas gerais, abstratos, e de questões concretas (sua "estética gerativa" propõe-se mesmo realizar produtos artísticos através das técnicas de programação de computadores). Volta-se para a permanente verificação empírica e racional de suas teorias, recusando-se à idéia de um sistema fechado. Aspira, para sua estética, o *status* da ciência e vê nela o corretivo para o "palavrório especulativo" da crítica de arte e o "irracionalismo pedagógico" das academias (o que lembra os contundentes reparos de Jakobson à crítica de arte e literatura de tipo *causerie*, alimentada em truísmos psicológicos e num vago fundo filosófico, infensa à precisão da terminologia científica). Embora preste tributo ao pensamento hegeliano (como o demonstra a própria epígrafe de aber-

[5] Todorov também é hesitante no seu balanço do contributo formalista. Em "A Herança Metodológica do Formalismo", estudo publicado em 1965, incluído em *As Estruturas Narrativas* (São Paulo: Perspectiva, 1969), escreve: "O grande mérito dos estudos formalistas é a profundidade e a finura de suas análises concretas, mas suas conclusões teóricas são muitas vêzes mal fundadas e contraditórias. Os próprios formalistas sempre tiveram consciência dessa lacuna: não cessam de repetir que sua doutrina está em constante elaboração". Na apresentação de sua antologia de textos formalistas *Théorie de la littérature*, cit., lê-se: "Percebe-se que o trabalho científico não pode ser reduzido a seu resultado final: sua verdadeira fecundidade reside na atividade pela qual êsse trabalho se atualiza, em suas contradições inerentes, seus impasses meritórios, seus graus sucessivos de elaboração. Sòmente o pedagogo exige um tratado que descreva um sistema acabado de fórmulas perfeitas; não o investigador que encontra nas aproximações de seu antecessor um ponto de partida para seu percurso". Finalmente, em *Tel Quel* n. 35, 1968 ("Formalistes et Futuristes"), Todorov reconhece: "O que se aprecia particularmente, hoje, nos formalistas é serem êles os precursores (senão os criadores) de uma ciência da literatura. A idéia da ciência literária não estava perfeitamente clara no caso dos formalistas: êles nem sempre parecem livres da ilusão de uma ciência das *obras literárias* (...) No entanto, em seus escritos principais, êles transcendem sempre a obra individual cuja análise serviu de ponto de partida, para desembocar em problemas pròpriamente teóricos".

tura dêste livro), a estética de Bense afasta-se da de Hegel, na medida em que o filósofo das *Vorlesungen ueber Aesthetik* representaria uma estética de tipo "interpretativo", que nega à arte um caráter objetivo, independente, verificável, em prol de um conceito de beleza [*das Kunstschoene*] apoiado em noções metafísicas de "idéia" e "ideal", cujas manifestações se incluem no desenvolvimento de um "espírito universal" [*Weltgeist*] e mesmo se subordinam a êle, no conjunto de todos os traços do mundo inteligível, como, por exemplo, a moral e a religião. Bense declara sua opção por uma estética de tipo galileano, reportando-se às *Considerazioni al Tasso* de Galileo Galilei, onde o físico seiscentista teria desenvolvido pela primeira vez uma concepção científica da autonomia da realidade estética, como algo independente do conhecimento teológico, filosófico ou moral. Desta maneira, Bense distingue entre uma estética tradicional, como "sistema de interpretação", de tipo hegeliano, e uma estética moderna, como "sistema de pesquisa" apto à verificação de "estados estéticos", ou estética de tipo galileano, como êle a classifica [6].

Interessante, ainda, é notar que a atual semiologia soviética, que ressurge sôbre as cinzas do formalismo das primeiras décadas do século, aproveitando-se da reconsideração da problemática do movimento proporcionada sobretudo pelo estruturalismo francês (sem esquecer o intermediário Círculo de Praga), apresenta desenvolvimentos que têm, de nôvo, aspectos comparáveis aos abordados na obra bensiana, largamente ignorada, aliás, nos trabalhos estruturalistas franceses [7].

---

6 Cf. Max Bense, "Zusammenfassende Grundlegung moderner Aesthetik", *Aesthetica*, cit.; idem, *Woerterbuch moderner Aesthetik* (inédito), verbêtes Galileo Galilei e G.W.F. Hegel.

7 Um resumo das atividades de Bense e seu grupo aparece em Jacques Legrand, "Max Bense et le groupe de Stuttgart", *Critique*, julho 1965 (Paris: Minuit); *Tel Quel* n. 31, 1967 (Paris: Seuil) estampa um trabalho de Elisabeth Walther, "Caractéristiques sémantiques dans l'oeuvre de Francis Ponge". Na bibliografia de "Recherches Sémiologiques", *Communications*. n. 4, 1964 (Paris: Seuil) só é registrado um livro de Bense, *Theorie der Texte*. Entre os estudiosos ligados ou próximos ao estruturalismo francês, mencionem-se T. Todorov, "Procédés mathématiques dans les études littéraires", *Annales*, n. 3, 1965 (Paris: Armand Colin), uma recensão surpreendentemente incompreensiva; U. Eco, *La struttura assente* (Milão: Bompiani, 1968), obra onde são discutidas com receptividade algumas teses de Bense. Deixo de considerar o caso de Abraham Moles, por se tratar de pesquisador independente, cuja *Théorie de l'information et la perception esthétique* (Paris: Flammarion, 1958) é registrada pelo próprio Bense como tendo exercido influência sôbre o desenvolvimento das teorias do grupo de Stuttgart.

Assim Iúri Lotman, em suas *Lições de Poética Estrutural*, publicadas pela Universidade de Tartu em 1964, enfrenta questões como, por exemplo: a utilização de têrmos matemáticos, da teoria dos conjuntos, para a descrição das relações entre os elementos "textuais" (os elementos artísticos realmente utilizados na obra) e os elementos "extratextuais" face aos quais os primeiros foram selecionados ("marcados") artìsticamente (as conexões textuais e extratextuais formam duas subclasses cujo conjunto é uma classe universal); a possibilidade maquinal da produção de textos e os modelos gerativos de textos poéticos; a informação artística como uma informação sôbre a estrutura; a percepção do texto literário como luta entre o receptor e o leitor em têrmos da teoria matemática dos jogos; o problema da originalidade e da redundância: a "estética da identidade", na qual a redundância é valorizada artìsticamente, por um lado, e a "estética da oposição", por outro, onde o nôvo é o que importa (veja-se, nesse sentido, a dialética que Bense estabelece entre micro e macroinovação, entre originalidade e estilo, estados caógenos e estados de ordem estrutural ou configurada; veja-se, ainda, a concepção bensiana de "criatividade relativa", ou seja, de uma "originalidade dependente de repertório", que pode explicar, em Lotman, a relação de complementaridade do subconjunto textual/"poesia" e do subconjunto extratextual/"não-poesia" no conjunto-universo — aqui, repertório — de tôdas as mensagens verbais "poéticas" e "não-poéticas" de uma cultura) [8]. Outro representante dessa nova semiologia russa, V. Ivanov, escrevendo sôbre a aplicação dos métodos exatos nos estudos literários, descreve a atividade do escritor em têrmos que podem ser aproximados dos empregados por Bense quando êste se detém sôbre a "semiose gerativa da inovação" e encara o "estado estético" como uma classe especial de informação resultante de um processo heurístico, de seleção experimental. Diz Ivanov: "Do ponto de vista lingüístico, o trabalho do escritor consiste na seleção, dentre o número total possível de frases (ou textos mais vastos), que transmitem um determinado conteúdo, daquela

---

[8] Reporto-me ao extrato do livro de Lotman, traduzido por Léon Robel e publicado em *Change* n. 6, 1970 (Paris: Seuil).

única frase que satisfaz a certos critérios estéticos"[9]. E acrescenta que a avaliação combinatória de todos os textos lingüísticos possíveis, dentre os quais é selecionado o poèticamente necessário, torna a atividade de um grande poeta, no decorrer de tôda a sua obra, no que toca aos problemas que êste tem de solucionar, assimilável ao de um número imenso de máquinas calculadoras, vale dizer, extremamente relevante ("dispendiosa") do ponto de vista matemático. Assim como Bense se preocupa com a possibilidade da programação de textos, com a antecipação planejada de uma realidade artificial futura suscetível de perfazimento, Ivanov também sustenta que o objetivo final da poética continua sendo a solução daqueles problemas que são importantes também para a literatura moderna ou até antecipam os seus desenvolvimentos, e afirma: "Por isto, aquela unidade da teoria e do experimento literário que caracterizou a poética estrutural na época de seu surgimento será a estrêla diretriz também para o pesquisador moderno". É a retomada da orientação pioneira do formalismo dos anos 10 e 20, quando Roman Jakobson dedicava um dos seus primeiros trabalhos justamente ao estudo da obra controversa e problemática do maior renovador da poesia russa dêste século, Vielimir Khliébnikov. Aliás, como registra Victor Erlich, o formalismo russo se distingue do "new criticism" anglo-americano justamente por ter-se voltado, o primeiro, para o nôvo em literatura e arte, enquanto que o segundo se caracterizava pelo conservantismo: "Para Jakobson e Chklóvski a palavra de ordem era a inovação, enquanto para Tate e Ransom, a tradição. Antiacadêmicos ao extremo, os formalistas russos teriam pouco a fazer com a tentativa de Ransom de confinar a crítica profissional entre os muros da *Academia*"[10]. É a posição que também assume hoje Roland Barthes, quando considera que a semiótica literária não tem por objetivo constituir um nôvo departamento da ciência lingüística ou da crítica literária, mas, sim, mudar, deslocar, a imagem que temos da lingüística e da literatura, manifestando-se como uma atividade de contestação fundadora, que toma como um dos

---

[9] Agradeço a Boris Schnaiderman a informação relativa ao estudo de V. Ivanov, publicado em *Voprósi Litieratúri* nº 10, 1967, pp. 115-126.
[10] Ob. cit. na nota 4, pp. 241-242.

seus temas principais não o "texto legível" (clássico), mas o "texto ilegível" ou de ruptura, de Mallarmé para diante [11]. Max Bense, já em 1956 (*Rationalismus und Sensibilitaet*), advertia que a desconfiança contra o experimento, na esfera inteligível, tinha raízes sociais, exprimindo a desconfiança da classe, que não gosta de ver em perigo seus distintivos, seus emblemas, sua hierarquia, que interpreta a imutabilidade de sua linguagem no sentido da estabilidade do seu mundo. E proclamava o seu interêsse por aquêles autores "que conquistaram para o trabalho espiritual, criativo, dentro da nossa civilização, um sentido nôvo e prospectivo" [12].

2.

A estética de Max Bense, tal como formulada neste livro, compreende três ramos principais: a) estética semiótica ou sígnica; b) estética numérica ou informacional; c) estética gerativa, que é uma teoria matemático-tecnológica da transformação de um repertório em diretivas, destas em procedimentos e dos procedimentos em realizações estéticas. Os dois primeiros ramos são, primacialmente, analítico-descritivos e relevantes para o objeto, referindo-se ao "estado estético" como um "objeto artístico". O terceiro, vale dizer, a "estética gerativa", manipula apenas "meios", sendo, portanto, relevante para o material, servindo à síntese e construção dêste. Finalmente, Bense considera um quarto ramo, a "estética ajuizadora", relevante para o interpretante, a qual se ocupa não da "medida" (da mensuração estética do objeto), mas do "valor". Êste último ramo procede a uma verdadeira segunda seleção, tratando o "estado estético" dos objetos artísticos à maneira de repertório de suas (dêstes) próprias possibilidades; assim, renova, aceitando-as ou rejeitando-as, as operações de seleção e combinação de elementos; sub-

---

11 "Linguistique et Littérature", *Langages* nº 12, 1968 (Paris: Larousse); *S/Z* (Paris: Seuil, 1970). Exemplos de estudos barthesianos dedicados a obras problemáticas ou dadas por "ilegíveis" são as análises de *Mobile*, de Michel Butor (trad. brasileira em *Crítica e Verdade*, São Paulo: Perspectiva, 1970) e *Drame* de Philippe Sollers (em *Théorie d'ensemble*, Paris: Seuil, 1968).

12 Bense, êle próprio, é autor de textos experimentais. Mencionemse por exemplo: *Bestandteile des Vorueber* (1961), *Entwurf einer Rheinlandschaft* (1962), *Die Praezisen Vergnuegen* (1964), *Die Zerstoerung des Durstes durch Wasser* (1967).

mete-as a julgamento, portanto, considerando o objeto artístico não como tal, mas como estado seletivo passível de ser julgado (valorado) em função das possibilidades repertoriais virtuais que propõe. Pois, segundo Bense, tôda criação (produção de inovação) se deixa decompor em criações parciais entre as quais se interpõem juízos, atos de aceitação ou rejeição. A medida constantemente se comuta em valor, desenvolvendo-se o processo de produção artística, dentro do esquema de comunicação estética, como uma correlação de duas fases, a criativa e a judicante. Bense pensa, ainda, na possibilidade de quantificar o valor, de colocá-lo em função da medida, através de uma avaliação estatística, quanto possível precisa, dos fatôres de gôsto e, assim, do estabelecimento de um "vetor de gôsto". O valor faz parte do sistema significativo do interpretante (dimensão pragmática); para estatuir a conexão funcional "valor função da medida", as indicações numéricas (números de medida) da estética informacional convertem-se em designações indiciais para o objeto (na referência de objeto do signo), e o conjunto destas, na referência de interpretante, dá o valor.

O aspecto mais sedutor e aliciante da estética de Bense está, a meu ver, menos em seus ensaios de quantificação da qualidade através da medida (embora êstes não deixem de oferecer interêsse e se enquadrem em preocupações extremamente atuais), do que no seu rico e sutil tratamento semiótico dos problemas, como a exposição acima já deixa entrever.

Realmente, o americano Charles Morris, em um estudo de 1939, "Esthetics and the Theory of Signs", havia já tratado o processo artístico como um processo de signos. Todavia, embora derivando da obra genial de outro americano, Charles Sanders Peirce (1893-1914), o trabalho de Morris representa uma redução e uma simplificação da complexa e sutil teoria semiótica dêste último. Na concepção de Morris, por exemplo, o "signo estético" é necessàriamente um signo icônico (ou seja, aquêle que tem semelhança com o objeto que designa). Vale dizer, a concepção morrisiana da arte implica a idéia de imitação do real ou, pelo menos, de analogia com o real. É uma concepção não muito diferente da teoria da arte como "pensamento por imagens", contra a qual se insurgiram, por exemplo, os formalistas russos, no artigo-manifesto "Iskusstvo kak prióm" (A arte como procedimento), de 1917, firmando por Chklóvski. Se tivermos em vista a célebre dicotomia jakobsoniana dos pólos da linguagem ("metáfora"/"metonímia"), concluiremos que a tese de Morris conduz à confinação da arte ao puro campo da metáfora, o que é, evidentemente, absurdo. Em seu livro de 1946, *Signs, Language and Behavior,* Morris matiza um pouco a sua concepção anterior, escrevendo: "Em meu artigo "Esthetics and the Theory of Signs" (...), tentei diferenciar o signo estético como um avaliador [*appraisor*] icônico. A presente posição é mais genérica, uma vez que a abordagem das artes em têrmos do uso avaliativo [*valuative*] de signos não requer que os signos em arte sejam icônicos ou signifiquem em modo avaliador [*appraisive mode*]. Signos icônicos avaliadores são, todavia, de grande importância nas artes, e o artigo mencionado é ainda relevante para o problema geral da arte considerada como fenômeno sígnico". E, em outro passo: "Nenhum signo é, como tal, "estético", e a tentativa de isolar as belas artes através da separação de uma classe de signos estéticos parece-me, agora, um êrro" [13].

Bense, desde 1951, vem-se crescentemente interessando pela obra de Peirce [14]. Em 1965, em seu livro *Ungehorsam der Ideen,* êle afirma: "Se buscarmos o lugar filosófico onde a função fundadora da filosofia como pressuposto da civilização científica e tecnológica de nossa época conquistou sua mais conseqüente atitude metodológica e sua mais alta universalidade, nós o encontraremos na obra de Charles Sanders Peirce, o filósofo e matemático americano, que sòmente agora começa a receber pleno reconhecimento" [15]. Uma assertiva que pode ser cotejada com a de Roman Jakobson, quando o grande lingüista russo-americano, num ensaio

---

13 Charles Morris, *Signs, Language and Behavior* (New York: Prentice-Hall, 1950⁴), pp. 195 e 274. Uma concepção independente e mesmo anterior da arte como "fato semiológico" encontra-se no estruturalista praguense Jan Mukařovský, que procede de Saussure e da sematologia de Buehler. Cf. "L'Art comme fait sémiologique", Prague, 1934, republicado em *Poétique* nº 3, 1970 (Paris: Seuil).

14 Cf. Elisabeth Walther, Charles Sanders Peirce, *Die Festigung der Ueberzeugung* (Krefeld und Baden-Baden: Agis Verlag, 1965), p. 188.

15 Max Bense, "Der Begriff der Philosophie", *Ungehorsam der Ideen* (Colônia: Kiepenheuer & Witsch, 1966²), p. 19.

publicado também em 1965, declara: "Entre os pensadores norte-americanos, o mais inventivo foi provàvelmente Charles Sanders Peirce; tão grande foi que Universidade alguma lhe encontrou um cargo à altura" [16].

No primeiro volume de sua *Aesthetik*, Bense ainda analisa o processo sígnico da arte em têrmos tomados a Charles Morris. Mas o caráter icônico do signo estético é por êle confrontado com o problema da arte abstrata e sem-objeto, o que lhe permite chegar a conclusões que desbordam do marco imitativo-figurativo que limita a concepção estética morrisiana. Morris também distinguira entre *designatum* e *denotatum* do signo: batidas na parede de uma cela podem indicar a presença de um prisioneiro; os sons, no caso, são portadores de signos, caracterizam as batidas, que são, portanto, o *designatum* dêsses sons; o prêso eventualmente existente é o *denotatum* mediado pelo *designatum* dos sons. Considerando a física moderna, Bense observa que a mecânica dos *quanta* nos impede, dentro de certos limites, de tirar uma conclusão sôbre a estrutura real do átomo. Êsses limites são dados pelas "relações imprecisas", donde tôda imagem do átomo ser, em si mesma, falsa. A linha espectral designa freqüências, mas não denota o átomo, sendo, portanto, um signo real (Bense diria agora um *índice*) que tem um *designatum* distintivo, porém não possui *denotatum* distintivo. Assim, também, a arte abstrata e sem-objeto lida com "meios" (côres e formas) redutíveis a signos cuja fase de denotação é minimizada ou suprimida e cujos *designata* são os próprios "meios" (côres e formas) [17].

Cada vez mais, porém, as idéias originais de Peirce e sua complexa e diversificada classificação dos signos se impõem à reflexão de Bense, graças também ao trabalho paralelo de sua assistente, Elisabeth Walther, que, em 1961, escreveu uma análise monográfica

---

[16] Roman Jakobson, "À procura da essência da linguagem", trad. brasileira, *Lingüística e Comunicação* (São Paulo: Cultrix, 1969), p. 99.

[17] Max Bense, *Aesthetica* I (Stuttgart: Deutsche Verlags-Anstalt, 1954), pp. 51-55; *Estètica*, trad. espanhola (Buenos Aires: Nueva Visión, 1957), pp. 43-47. Em meu livro *A Arte no Horizonte do Provável* (São Paulo: Perspectiva, 1969), tive a oportunidade de discutir, em têrmos bensianos, a objeção de Lévi-Strauss à arte não-figurativa como desprovida de unidades de primeira articulação. Ver, ainda sôbre as implicações estéticas não apenas icônicas da teoria de Peirce, a tese de doutoramento de T.A Schulz, *Panorama der Aesthetik von C.S. Peirce* (Stuttgart: Technische Hochschule, 1961).

da obra poética de Francis Ponge, na qual há tôda uma secção dedicada ao exame das características semióticas dessa poesia, em têrmos peircianos. Na edição de 1965 de seu trabalho, apresentado inicialmente como tese universitária, E. Walther critica Charles Morris por ter retido apenas poucos pontos da semiótica peirciana e, ainda, pelas manifestas propensões behaviorísticas, que lhe afetam a interpretação do legado de seu compatriota [18]. E de fato, como o próprio Morris admite, a "genuína relação triádica envolvendo mediação", que é central para a noção peirciana de signo, é reduzida na concepção behaviorista a uma relação diádica "estímulo-resposta", embora alguns desenvolvimentos dessa teoria cheguem a reconhecer um terceiro fator de "refôrço", que poderia corresponder ao fator de "mediação" em Peirce [19].

No presente livro, Bense procede a verdadeiras operações de "tradução", no sentido de refinar e enriquecer os esquemas semióticos através de sua reformulação progressiva (porém não excludente do esquema original) em têrmos de álgebra dos conjuntos, teoria do repertório, teoria da informação e da comunicação, topologia, além de procurar dar ao problema um tratamento ontológico e epistemológico. Retoma assim, a par dos desenvolvimentos que lhe permitem os estágios posteriores de suas próprias teorias (sobretudo representados, quanto às questões da semiótica peirciana, por *Theorie der Texte*, de 1962 e *Semiotik*, de 1967), algumas preocupações iniciais de sua estética, como a referente ao modo da "correalidade", que Bense introduz, a partir da ontologia de Nicolai Hartmann e do "cálculo modal" de Oskar Becker, como sendo o modo próprio da obra de arte. Bense o define assim: "Modalidade ontológica, ao lado da copossibilidade e da conecessidade. A correalidade designa o modo de ser de uma realidade que é referida a uma outra, que tem uma outra como pressuposto, como portadora. A correalidade é o modo de ser da realidade estética, cujas formas estão ligadas à realidade física, que é sua portadora. O ser do signo é sempre correal" [20]. No pre-

18 Elisabeth Walther, *Francis Ponge* (Colônia: Kiepenheur & Witsch, 1965), p. 28.
19 Ob. cit. na nota 13, p. 288.
20 Ob. cit. na nota 17, pp. 29-32 (trad. espanhola, pp. 25-27). *Woerterbuch* cit. nota 6, verbête "Mitrealitaet".

sente livro, estas questões são focalizadas nas secções intituladas "Temática do Ser e Temática do Signo" e "Conhecer e Identificar". Nesta última Bense chega ao seguinte esquema gradativo da constituição do real, no qual cada categoria subseqüente pressupõe a anterior, declinando a determinação, graduando-se a identificação e a fixação da realidade, à medida que se passa da causalidade para a criatividade:

SELBSTSEIN	estados físicos (determinação forte) — geral —	realização causal	(elementos materiais)
ANDERSSEIN	estados semânticos (determinação média) — particular —	realização comunicativa	(códigos convencionais)
MITSEIN	estados estéticos (determinação fraca) — individual —	realização criativa	(portadores seletivos)

Na "tradução" da classificação triádica dos signos em têrmos de álgebra dos conjuntos, Bense obtém resultados bastante interessantes, como aquêles a que chega Roman Jakobson, quando transpõe os conceitos lingüísticos em têrmos de teoria matemática da comunicação e cibernética (Shannon e Wiener, Mac-Kay, Colin Cherry, Meyer-Eppler etc.)[21]. Tratado o repertório como o conjunto de elementos materiais ou sinais, a "referência de objeto" do signo (o signo visto em relação ao seu objeto), na qual Peirce situa a tricotomia "ícone", "índice", "símbolo", pode ser redefinida com o auxílio da notação para "intersecção", "reunião" e "conjunto vazio" (aqui, "exclusão"), ou seja, respectivamente: $\cap, \cup, \emptyset$. Assim, emergem com nitidez as características peircianas do "ícone" como sendo o signo que tem pelo menos um traço em comum com seu objeto (repertórios que se interseccionam); do "índice" como signo que tem uma relação real, causal, direta com seu objeto (repertórios que se reúnem); do "símbolo" como o signo que só convencionalmente representa seu objeto (repertórios que se excluem). Isto também pode ser visto sob a forma de esquemas topológicos de separabilidade, ou seja, com a

[21] "Linguística e Teoria da Comunicação", ob. cit. na nota 16.

notação ⌐⌐ ⌐⌐ ⌐⌐ ⌐⌐ . Bense já havia reproposto a dicotomia jakobsoniana "metáfora/metonímia" com a fórmula "analógico/digital", extraída de Mandelbrot, distinguindo assim entre uma linguagem "analógico-imitativa" (similaridade, metáfora) e uma linguagem "digital-combinatória" (contigüidade, metonímia).[22] Isto lhe permitiu desenvolver uma teoria do estilo cubista como estilo digital-combinatório e analisar, nesse sentido, os textos de Gertrude Stein e a técnica escultórica de Lygia Clark. O objeto estético é, em ambos os casos, um objeto variável, cujos elementos, em princípio, se prestariam sempre a uma outra combinação, a um outro arranjo[23]. Por meio dos novos aspectos que Bense agora enfoca, poderemos ainda tornar mais sutis essas verificações analíticas, introduzindo a noção de graduação semiótica, tal como aparece neste livro em "Gradação e Degradação dos Signos". Pelo esquema da álgebra dos conjuntos e pelo esquema topologizado, sabemos que apenas o símbolo não tem qualquer relação com seu objeto (a não ser aquela arbitràriamente estabelecida pelo interpretante). Já o ícone e o índice se ligam ao objeto ou por "intersecção" ou por "contigüidade" (reunião). Então vemos que é necessário recorrer a outros eixos binários, como o faz com felicidade Eliseo Verón, para distinguir entre fenômenos icônicos de signo e fenômenos indiciais de signo, dado que tanto uns como outros são do tipo "não-arbitrário" (vale dizer, para diferenciá-los não é pertinente a oposição "arbitrário/similar", que, no entanto, serve para separar a codificação "digital" da "analógica")[24]. Jakobson recorre à dicotomia "contigüidade/similaridade" (a mesma que lhe inspira a bipolarização "metonímia/ metáfora") para a distinção entre índice e ícone. "A relação indicial entre *signans e signatum* consiste em sua contigüidade fatual, existencial. O dedo indicador apontando para um objeto é um típico índice", escreve. E continua: "A relação icônica entre *signans* e *signatum* é, nos têrmos de Peirce, "uma simples comuni-

---

22 Max Bense, *Theorie der Texte* (Colônia: Kiepenheuer & Witsch, 1962), pp. 84 e 132; *Modelle* (Stuttgart: Rot. n° 6, ed. do autor, 1960/61). Ver Haroldo de Campos, "Estilística Miramarina", ob. cit. na nota 3.

23 Max Bense, "Theorie kubistischer Texte", na obra coletiva *Pour Daniel-Henry Kahnweiler* (Stuttgart: Gerd Hatje Verlag, 1965), pp. 56-61.

24 Eliseo Verón, "Os Códigos da Ação", *Ideologia, Estrutura, Comunicação* (São Paulo: Cultrix, 1970), pp. 114-137.

dade em alguma qualidade", uma relativa similitude sentida como tal pelo intérprete, e. g. uma pintura reconhecida pelo espectador como uma paisagem". No símbolo não existe uma "contigüidade fatual" (ou uma "similitude fatual") entre *signans* e *signatum,* mas uma "contigüidade imputada" (arbitrária, independente de qualquer conexão fatual); donde a segunda dicotomia de que se vale Jakobson para distinguir entre as três espécies sígnicas em mira (ícone, índice de um lado, símbolo de outro): a dicotomia "fatual/imputado" [25]. Verón elabora 4 dicotomias: "substituição/contigüidade", "continuidade/descontinuidade", "arbitrariedade/não-arbitrariedade", "similaridade/não-similaridade". De acôrdo com essas dicotomias, os sistemas de signos *digitais* seriam codificados segundo regras baseadas em substituição, descontinuidade, arbitrariedade e não-similaridade; os sistemas *analógicos,* segundo regras baseadas em substituição, continuidade, não-arbitrariedade e similaridade; os sistemas *metonímicos,* segundo regras de contigüidade, continuidade, não-arbitrariedade e não-similaridade. De certa maneira, como o próprio Verón admite, seria possível explicar por êsses critérios de distinção a classificação triádica de Peirce: *digital* corresponderia a *símbolo, analógico* a *ícone, metonímico* a *índice.* A semioticidade, como diz Bense, é um processo gradativo. O símbolo, na referência de objeto, tem o mais alto grau de semioticidade, o mais alto grau de liberdade criativa, pois só por meio de um interpretante é pôsto em relação arbitrária com êsse objeto (donde, também, o seu máximo grau de "separabilidade" do objeto); em seguida vem o índice, cuja genuína relação com o objeto restringe a liberdade de escolha do interpretante; finalmente, o ícone, que entra em uma relação de concordância pelo menos parcial com o objeto, reduzindo ainda mais o arbítrio do interpretante. Mas a iconicidade, a indicialidade e a simbolicidade, em si mesmas, também admitem graus, que implicam processos de seleção e abstração. Ademais, como ainda refere Jakobson, "não se deve falar de três tipos de signos categorialmente distintos, mas antes de uma diferente hierarquia atribuída a tipos de relação que interagem entre *signans* e *signatum* do signo dado,

---

[25] Roman Jakobson, "Language in relation to other communication systems", na obra coletiva *Linguaggi nella società e nella tecnica* (Milão: Edizioni di Comunità, 1970), pp. 3-15.

podendo-se observar, de fato, variedades de transição como ícones simbólicos, símbolos icônicos etc." E Verón, coincidindo com Bense neste ponto, repara: "Ao longo do caminho que conduz ao domínio da abstração, o signo torna-se progressivamente dissociado do objeto de experiência e o primeiro começa a funcionar efetivamente como um substituto do segundo". Munidos dêsse suporte teórico, poderemos agora retomar a discussão do cubismo como fenômeno sígnico de tipo metonímico (Jakobson) ou digital-combinatório (Bense). Em meu estudo sôbre o estilo cubista das *Memórias Sentimentais de João Miramar,* de Oswald de Andrade, eu já sentira êste aspecto do problema, quando escrevi que uma assunção rigorosa da distinção bensiana entre estilo analógico-imitativo (icônico) e digital-combinatório (simbólico) só poderia ocorrer no caso do cubismo onde os pretextos figurativos são reduzidos a um mínimo, onde os signos pràticamente se emancipam das coisas designadas. Isto ocorreria nas composições de Mondrian, da fase de transição entre cubismo e neoplasticismo, de quem disse Michel Seuphor que soube ler melhor nas obras de Braque e Picasso do que os seus próprios autores, levando às últimas conseqüências lógicas as lições dêstes últimos [26]. É que, no cubismo de Braque ou Picasso, os elementos, metonìmicamente recombinados em novas relações de contigüidade, não deixam de ser também analógicos (olhos, mãos, cartas de baralho, bojos de guitarras etc.), ou melhor, são índices (o índice, segundo Bense, já pertence ao sistema do objeto por fôrça de uma relação causal) que apontam como partes para o todo de que provêm (são, pois, residualmente icônicos, se se quiser fazer de iconicidade um sinônimo de analogia ou não-arbitrariedade). Mondrian é, mesmo, um caso exemplar: de uma composição como "Árvores" (1912), indicial-cubista, com os troncos e galhos reduzidos a simples traços que se cruzam e entrecruzam, a uma composição como "Mais e Menos" (de 1917), onde só se reconhecem os dígitos + e —, espacialmente dispostos e recombinados, sem mais qualquer pretexto figurativo-analógico, passa a distância semiótica que vai do sinal físico (de seu índice no plano sígnico) à abstração simbólica. Casa-se com esta a observação de Max

---

26 Cf. "Estilística Miramarina", ob. cit. na nota 3, pp. 89-91.

Bense na secção "Ordem e Determinação" do presente livro: "Constitui traço característico da moderna produção artística reprimir a mediação semântica e fixar o estético como oposto do físico" (Bense menciona como exemplo a pintura não-objetiva de Kandinsky e a música eletrônico-estocástica).

Também será oportuno examinar aqui a maneira como Bense situa o problema da linguagem verbal no quadro de sua estética semiótica. Para Bense, entre o mundo e a consciência intervêm sempre os signos como "meios". A linguagem verbal é o mais reconhecido e efetivo *medium* dessa mediação. Porém não é ela o mais elementar, imediato e geral. Êste deve ser visto, antes, como um sistema de signos, entendido como um sistema conscientizado de sinais que partem do mundo. Nossas línguas não são extraídas diretamente dos objetos do mundo, mas são mediadas através de camadas de sinais e camadas de signos. Bense, portanto, vê os sistemas lingüísticos como ulteriores mediações entre mundo e consciência, que têm na sua base esquemas semióticos. O mundo exterior é a suma totalizadora de todos os processos sinaléticos. O sinal é, assim, uma unidade de "comunicação exterior", um "objeto-evento vivo" que se converte em "objeto-evento morto" (signo selecionado). Os sinais são substratos físicos dos objetos do mundo, enquanto que os signos são substratos fenomenais da consciência. Os sistemas semióticos traçam, segundo Bense, o âmbito primeiro da mediação. Os significados [*Bedeutungen*] ou sistemas semânticos não são tirados imediatamente dos objetos do mundo, porém mediados através de esquemas semióticos determinados por classes de sinais. Uma tal concepção que, evidentemente, comporta discussão, tem, desde logo, um mérito. O modêlo bensiano não é o modêlo simplista do reflexo (relação direta signo/objeto real; significado entendido como reflexo do objeto real), mas leva em conta "as mediações mais complexas que ligam uma estrutura sígnica às condições reais às quais responde"[27]. Há, no pensamento de Bense, ao lado das teorias peircianas, também um influxo de Husserl, o que fica evidente quando, no pre-

---

27 Expressão de Umberto Eco ao discutir a teoria do reflexo em "Lezioni e Contraddizioni della Semiotica Sovietica", *I Sistemi di Segni e lo Strutturalismo Sovietico* (Milão: Bompiani, 1969).

fácio, Bense assevera que sua estética "material" não descura, todavia, dos problemas "intencionais". E uma das suas preocupações, que pode ser rastreada no comêço ("Introdução") e no fim ("Temática Sujeito--Objeto") desta *Pequena Estética,* é a fixação da relação sujeito-objeto não como uma relação opositiva mas como uma correlação que lida com "categorias de interpretação" e não com "categorias de ser". Bense assinala, em *Theorie der Texte,* a propósito dos conceitos de intuição e intencionalidade em Husserl, que entre o significado [*Bedeutung*] intencional e a informação estatística existe uma relação de complementaridade recíproca e que a inovação determina a informação na mesma medida em que a intuição determina a intencionalidade [28]. Husserl distingue entre "expressão" [*Ausdruck*] e "índice" ou "sinal" [*Anzeichen*]. Como repara Andrea Bonomi, "o conceito de sinal parece aqui compreender, entre outras coisas, a área ocupada em Peirce pelos conceitos de índice e de ícone". [29] O "índice" ou "sinal" husserliano é destituído de *Bedeutung,* de intenção significante (ou de *vouloir-dire,* como traduz Derrida) [30]. A "expressão" — é ainda Derrida quem explica — está ligada em princípio ao discurso falado, é um signo puramente lingüístico, embora êsse discurso possua também uma camada "indicativa" ou "indicial"; *Bedeutung* é o conteúdo de sentido ideal da "expressão" verbal. Na percepção existe uma camada pré-expressiva do vivido e de sentido que pode sempre receber expressão e *Bedeutung*. A diferença entre "índice" e "expressão" parece a Derrida mais funcional do que substancial: trata-se de relações significantes, um só e mesmo fenômeno podendo ser apreendido como expressão ou como índice, como signo discursivo ou não-discursivo, desde que animado ou não por um "vivido intencional". Estas duas funções podem-se entrelaçar, se imbricar na mesma significação (o signo discursivo, e conseqüentemente o *vouloir-dire,* está sempre imbricado, colhido num sistema indicativo). Retomemos,

---

28 Max Bense, *Theorie der Texte,* ob. cit. na nota 22, pp. 31-32. Ver também Wolfgang Patzschke, *Die Beziehung zwischen Information und Intentionalitaet,* tese de doutoramento (Stuttgart: Technische Hochschule, 1960).

29 Andrea Bonomi, "Sul problema del linguaggio in Husserl", *Aut Aut* nº 118, 1970 (Milão: Lampugnani Nigri).

30 Jacques Derrida, *La Voix et le Phénomène* (Paris: Presses Universitaires de France, 1967).

agora, as considerações de Bonomi. O que é essencial à "expressão" é a presença de uma específica intenção significante. Êste ato tem por tarefa "reestruturar, na peculiaridade da esfera lingüística, os conteúdos extra-lingüísticos provenientes da percepção externa, da apreensão dos estados psíquicos etc." Trata-se de um ato de mediação. É êste ato que constitui e confere o significado [*Bedeutung*]. Tanto Husserl como Saussure, continua Bonomi, se encaminham no sentido da autonomia da esfera lingüística, individuando uma estrutura categorial abstrata que subtende as manifestações singulares de fala [*parole*] e que, à maneira de ossatura permanente, permite a correlação de significante e significado por cima de tôdas as suas possíveis flutuações.[31] Do exposto, pode-se concluir que, em ambos os casos, estamos diante de um modêlo a três têrmos, compreendendo sempre uma esfera de mediação ("intenção significante" em Husserl; *langue*, em Saussure; em ambos os casos, o modêlo é a linguagem verbal). Em Bense, temos de nôvo um modêlo triádico, porém de natureza semiótica: o "âmbito de mediação" é constituído pelos sistemas semióticos e não pela linguagem verbal, que já é uma, por assim dizer, "mediação segunda". Esta concepção, suscetível de controvérsia que o seja, oferece, não obstante, ainda um outro aspecto interessante. Ver o sistema lingüístico como uma extensão de um esquema semiótico de base implica a rejeição daquilo que Ferrucio Rossi-Landi chama de "falácia separatística", "glotocêntrica", ou seja, do entendimento segundo o qual se deve dar à linguagem verbal um privilégio sôbre a semiótica (quando a semiologia, pròpriamente dita, que trata dos sistemas de signos especìficamente literários, das obras de arte verbal, é apenas uma província da semiótica, e não o contrário).[32] Prosseguindo na discussão lingüística das questões levantadas por Bense, pode-se observar, por outro ângulo de enfoque, que o *significante* (Saussure) ou *signans* (Jakobson via Sto. Agostinho), a face sensível ou material do signo, teria algo a ver com o

---

31 Derrida, *ob. cit.*, pp. 50-51, nota 1, discute as posições de Husserl e de Saussure, para concluir: "Poder-se-ia colocar a questão da equivalência significante/expressão, significado/*Bedeutung*, se a estrutura *bedeuten*/*Bedeutung*/sentido|objeto não fôsse muito mais complexa em Husserl do que em Saussure.

32 Ferrucio Rossi-Landi, "Semiotica", *Ideologie* nº 12, 1970 (Roma: Ed. Ideologie).

"sinal" como unidade físico-energética de "comunicação exterior", ou, pelo menos, com o que Bense entende por "sinal conscientizado". Mas o sinal poderia também, e com mais propriedade até, designar a realidade extralingüística. O mundo exterior como suma totalizadora de todos os processos sinaléticos seria, então, a "matéria" amorfa, "inacessível à consciência", ainda não objeto da análise lingüística, de que fala Hjelmslev em sua glossemática. Quando os sinais físico-energéticos são "conscientizados" e constituem, assim, sistemas de signos, temos, então, a "matéria" erguida à condição lingüística de "substância" pela consciência analítica, que nela projeta uma forma como uma rêde sôbre uma superfície indivisa subjacente [33].

3.

Em "Ordem e Determinação", Bense esboça uma teoria do "caos". Caos é o totalmente indeterminado, que não pode ser identificado nem fixado. Êste conceito provém do matemático Felix Hausdorff, que o formulou sob o pseudônimo de Paul Mongré, numa obra de juventude, *O caos em escolha cósmica* [*Das Chaos in kosmischer Auslese*], publicada em 1898. É significativo notar que, em 1897, Mallarmé estampava na revista *Cosmopolis* seu poema constelar "Un Coup de Dés", cujo tema é, justamente, a possibilidade de abolição do acaso, pelo menos no lance fugaz de um poema que se forma como uma ordem, um "número", um "cômputo total" no estelário. O que é indeterminado, como diz Bense via Hausdorff, tem que ser transportado para um estado de determinação, ainda que fraca, para ser identificável. O estudo dêste problema é o objeto do que Bense chama "estética cosmológica" [34]. Esta pode ser vista como uma segunda fonte da "estética informacional". Elementos para a

---

[33] Cf. Giulio C. Lepschy, *La Linguistica Strutturale* (Turim: Einaudi, 1966), pp. 84-93; André Martinet, *La Linguistique* — Guide Alphabétique Denoel (Paris: Denoel, 1969). Rossi-Landi, com razão, insiste em que se considere a semiose dialèticamente, como uma totalidade. Se tomarmos, por exemplo, um veículo sígnico fora da semiose, nós o degradaremos à condição de mero objeto físico (uma tabuleta na estrada será um mero pedaço de madeira, uma palavra uma simples emissão vocal).

[34] Max Bense, "Kosmologische Aesthetik", *Aesthetica*, cit., pp. 284-290.

sua elaboração podem ser rastreados, segundo Bense, na filosofia barrôca e renascentista, no neoplatonismo e no próprio Platão, porém antes num sentido especulativo (metafísico) do que metòdicamente exato. Hausdorff já revelaria uma concepção antimetafísica, alicerçada num idealismo transcendente que se volta para as ciências exatas. Para êle é fundamental o "princípio da complementaridade", segundo o qual "é pensável transcendentemente o que é imperceptível empìricamente": "a realidade física regula o "que" [*Was*] e o "como" [*Wie*], a transcendente apenas o "se" [*Ob*]." A *existentia potentialis* é imparcial, sendo-lhe indiferente "se o mundo se deixa ler empìricamente como um texto pleno de sentido ou como um torvelinho de meras letras". Daí o seu segundo princípio ("princípio da escolha indireta"), de conformidade com o qual, devido ao dispositivo seletor que chamamos consciência, só entra em nosso horizonte o cósmico, ou seja, a regularidade do mundo empírico, e não os desvios dela, que se manifestam nos cosmo-processos transcendentes (o caos). Finalmente, o seu terceiro princípio ("princípio do caso preeminente"), que vê a "determinação qualitativa do mundo empírico" qual uma parte ou secção da "indeterminatividade, do domínio do acaso". Bense encontra nesses princípios contribuições para a "estética estatística", na medida em que a correlação opositiva *caos* (transcendente) e *cosmos* (imanente) antecipa a relação entre repertório e informação. A nova "estética cosmológica", segundo Bense, vale-se de conceitos como, por exemplo, "entropia", que provêm da termodinâmica e da cibernética (Norbert Wiener), e os amplia de modo a poderem descrever também estados e processos não-físicos. Aqui caberia referir a leitura feita por Jean Hyppolite do "Un Coup de Dés" de Mallarmé em têrmos de teoria da informação [35]. "Em Mallarmé", escreve Hyppolite, "a mensagem é um quase impossível, um milagre que surge "do fundo de um naufrágio" para desaparecer quase inevitàvel-

---

35 Jean Hyppolite, "Le coup de dés de Stéphane Mallarmé et le message", *Les Études Philosophiques* (Le Langage) nº 4, 1958 (Paris: Presses Universitaires de France). Em 14.8.60, publiquei uma tradução dêste trabalho no *Correio Paulistano* ("Página Invenção"), precedendo-o de uma nota onde estabeleci as possíveis ligações entre as teses de Hyppolite e de Bense. Escrevi, então, que o sintético poema de Mallarmé poderia ser considerado o grande poema cosmológico de nosso tempo.

mente também, pois "um lance de dados jamais abolirá o acaso". "A mensagem de Mallarmé é o que os teóricos modernos da informação opõem à entropia. Num sistema fechado a entropia sempre cresce, o sistema tende para o acaso puro ou a homogeneidade de distribuição; pode sòmente dar-se que, numa zona singular, êsse crescimento da entropia seja por um instante evitado, que a ordem exista em lugar da desordem, o original e o imprevisível em lugar de uma indiferente monotonia". E Hyppolite compara a possibilidade do "demônio de Maxwell", estudada por Wiener, dispositivo capaz de suspender por um certo lapso de tempo a marcha necessária para a entropia e a morte térmica, com a hipótese do "ulterior demônio imemorial", legatário dessa mensagem de exceção no texto mallarmaico. A microestética numérica, na concepção de Bense, permite estabelecer uma "função de medida", por meio da qual o "estado estético" pode ser determinado através de critérios teórico-informacionais. O problema da inovação se põe tanto de um ponto de vista microestético, quanto de um ângulo macroestético, e Bense detecta a dialética sutil que se estabelece entre ambos êsses tipos de inovação. Assim, uma aglomeração caógena pode passar a uma ordenação gestáltica, com acréscimo de macroinovação e perda conseqüente de microinovação (além de poderem ser reconhecidos estados intermediários, de trânsito, que Bense chama "texturas"). O labirinto, para Bense, é o caso-modêlo de um estado estético que oferece macroinovação induzida (planejada) e inerente (casual) e que, sob o prisma microestético, aparenta um "estado caógeno" (microinovação simulada) para o interpretante. O tema, que tem uma rica tradição maneirista (no sentido de Curtius e Hocke), leva logo a pensar em J.L. Borges, cujos textos realizam esta simulação labiríntica em nível ficcional. E é ainda em Borges, em sua "Biblioteca de Babel", — repositório ideal, de tôdas as obras escritas e por escrever, graças a uma combinatória pré-dada e infinita à base das letras do alfabeto, — que se continuará pensando, quando Bense nos dá a sua "explicação do caos" em têrmos estritamente teórico-informacionais e estatísticos: "O estado caógeno de distribuição eqüprovável dos elementos contém evidentemente um máximo de inovação ou informação, uma vez que a partir dêle quasiquer outros estados estéticos (estruturais ou configurados) poderão ser selecionados. Todo caos é uma fonte real, um repertório real de possíveis inovações no sentido de criações" [36]. Êste problema pode ser visto ainda de um ponto de vista semiótico e lingüístico. Bense sustenta que tôda aplicação "semantema" (vale dizer, semântica, na terminologia bensiana) de elementos materiais ou signos na construção de estados estéticos reduz o seu montante de inovação, aumentando porém a redundância, a ordem, tornando-a mais visível e apta à percepção. É o que, por outras palavras, registram os novos semioticistas soviéticos I. Lotman e A. M. Piatigórski, quando distinguem entre "mensagem lingüística global" (significativa no sentido da comunicação habitual) e "mensagem textual" ou "texto", para afirmar o seguinte postulado: "É justamente o grau zero da mensagem lingüística global que revela o alto grau de sua semioticidade enquanto texto" [37]. Finalmente, como corolário dessa sua teoria do acaso, Bense, no capítulo gerativo de sua estética, admite a inclusão na programação de um dispositivo gerador de acaso [*Zufallsgenerator*]. Por meio dêste, o acaso se torna um procedimento do programa, com a introdução de séries de números casuais, como no jôgo de dados ou na roleta. Simula-se, assim, não apenas a seleção, mas também a decisão intuitiva, o subitâneo. É o que, no campo da música (e da música de tipo instrumental, não eletrônica), imaginou e realizou Pierre Boulez, compositor de linhagem mallarmaica, ao propor: "No nível da colocação em jôgo das próprias estruturas, penso que se pode desde logo *absorver* o acaso, instaurando um certo automatismo de relação entre diversos feixes de possibilidades estabe-

---

[36] Aqui se poderia acenar ao paradoxo aparente entre duas concepções diversas de entropia, que surge do confronto do trecho de Hyppolite sôbre o "acaso puro" como estado de distribuição homogênea e indiferente monotonia, com as reflexões bensianas sôbre o "estado caógeno", no sentido de máxima capacidade informativa, associado a uma fonte de informação (que procede de Shannon e Weaver). Para fins de análise estética, a consideração de dois tipos diferentes de inovação (macro e microinovação) parece permitir a superação da dificuldade. Ver nota a respeito da questão em "Montagem: Max Bense" na segunda parte dêste volume.

[37] I. Lotman e A.M. Piatigórski, "Le texte el la fonction", *Semiotica*, nº 2, 1969 (Haia: Mouton), p. 210.

lecidos de antemão"³⁸. Evidentemente que, na geração de estados estéticos (textuais, musicais ou gráfico-pictóricos) através de computadores, serão sempre mais fascinantes, segundo me parece, aquelas possibilidades (eventualmente suscetíveis de exploração e desenvolvimento) de produzir obras novas com relação ao inventário extante do mundo-de-arte já adquirido, do que aquelas outras, mais simplesmente homologatórias, de reproduzir ou variar combinações estilísticas já conhecidas (uma nova sonata de Mozart, uma outra fuga de Bach, um texto que poderia ter sido escrito por Kafka, um Mondrian vicário).

4.

É tempo, agora, de passar ao derradeiro aspecto da estética bensiana que eu gostaria de abordar neste estudo. Trata-se da aplicação de métodos matemáticos à análise estética. A questão se deixa dividir em duas outras: uma diz respeito à formalização do próprio discurso semiótico, outra à introdução de métodos numéricos (estatísticos, por exemplo) para a descrição de fenômenos estéticos. Com relação ao primeiro dêsses tópicos, cabe mencionar que êste livro, e também a *Aesthetica* antes dêle, embora acusem a utilização de elementos de álgebra dos conjuntos, de topologia e ainda de lógica moderna, não manifestam pendor para uma axiomática hiperformalizada ("metassemiologia", como a chama Umberto Eco), constituída programàticamente de "signos vazios", adaptados à descrição de tôdas as práticas semióticas possíveis³⁹. Bense

---

38 Pierre Boulez, "Aléa", *Nouvelle Revue Française* nº 59, 1957 (Paris: NRF). Ver Haroldo de Campos, "A Arte no Horizonte do Provável", no livro de mesmo título, cit., pp. 19-20.

39 Umberto Eco, "Linguaggi formalizzati", *La struttura assente*, cit., pp. 400-401. É o projeto de Julia Kristeva, por exemplo, que advoga uma relação frutuosa entre a semiologia e os esquemas formais a partir de uma compreensão íntima das leis e dos princípios dos sistemas matemáticos, cuja transposição possa fornecer o modêlo teórico para a explicação dos sistemas significantes na língua natural, considerando qualquer outra aplicação *a posteriori* dêsses esquemas como uma tecnização secundária, embora não destituída de interêsse (*Semiotica* nº 2, cit., pp. 203-204). Kristeva procura realizar êsse projeto sobretudo em "Pour une sémiologie des paragrammes", *Tel Quel* nº 29, 1967 (Paris: Seuil), estudo que Umberto Eco encara com reservas (nêle não nos parece que a formalização exasperada do discurso poético dê resultados satisfatórios") e que foi objeto de uma severa contestação em nível matemático por Jacques Roubaud e Pierre Lusson, *Action Poétique* nº 41-42, 1969 (Paris: P. J. Oswald Editeur), pp. 56-68. Não obstante isto, e à parte seu aparato matemático e lógico que, no caso, mesmo sem o endôsso da autora, pode ser visto como uma simples "tecnização secundária", o estudo de Kristeva parece-me rico de observações criativas e ousadamente instigadoras.

retém o discurso verbal normal como metalinguagem e, apenas, lança mão de recursos de notação formalizada para obter, aqui e ali, descrições mais precisas dos fenômenos que enfoca e para certos efeitos operatórios. Já no que tange aos métodos numéricos ou de quantificação pròpriamente ditos, Bense dedica a êles uma larga parte de sua estética, estando sob seu signo, por exemplo, o capítulo gerativo dêste livro, que diz respeito à programação de computadores para a produção de estados estéticos. Também neste segundo caso, trata-se de uma área de grande momento nos estudos lingüísticos, críticos e semióticos. Podemos remontar, mais uma vez, ao formalismo russo, aos trabalhos pioneiros de Boris Tomachévski sôbre estatística métrica do verso russo baseados nas chamadas "cadeias de Markov", trabalhos cuja importância é encarecida por Roman Jakobson e que encontram hoje sua seqüência natural nas investigações rítmico-estatísticas do ciberneticista Kolmogorov e seu colaborador Kondratov [40]. É certo que a ênfase nos métodos estatísticos como capazes de fornecer uma explicação exclusiva ou mesmo privilegiada dos problemas da arte encontra pela frente enormes dificuldades, pelo menos no estágio atual da ciência, devido à alta complexidade dos sistemas artísticos (o literário, por exemplo, com seus aspectos de denotação, de conotação e de contexto). Por isto Ivanov salienta a importância da "compreensão intuitiva profunda" da literatura ao lado das abordagens de tipo matemático [41]. O campo, ademais, está aberto a não poucas controvérsias e diversificações de posições, o que mostra, aliás, a sua fecundidade. Um bom documento da situação é o livro *Mathematik und Dichtung* (Munique: Nymphenburger Verlagshandlung, 1965), antologia na qual colaboram, entre outros autores de

---

40 Cf. Roman Jakobson, "Lingüística e Teoria da Comunicação", ob. cit. na nota 16, pp. 85-86. "Estou convencido de que os métodos recentemente desenvolvidos em lingüística estrutural e teoria da comunicação, aplicados à análise do verso e a muitas outras províncias da linguagem, poderão abrir vastas perspectivas para uma coordenação ulterior dos esforços de ambas as disciplinas", afirma Jakobson. Quanto ao trabalho de Kolmogorov e Kondratov sôbre a rítmica maiakovskiana, ver *I Sistemi di Segni e lo Strutturalismo Sovietico*, ob. cit. na nota 26, pp. 167-195. A propósito, ver também a interessante discussão de Boris Schnaiderman em sua tese de doutoramento *A Poética de Maiakóvski através de sua prosa* (São Paulo: ed. do autor, 1970), pp. 201-208.

41 Cf. estudo cit. na nota 9.

variada orientação, Max Bense e Elisabeth Walther [42]. Nesta *Pequena Estética,* além dos conceitos mais gerais que subministra e manipula, com base na teoria matemática da comunicação, que importam, como já se viu, na consideração dialética de "acaso" e "ordem" como categorias identificadoras de estados estéticos, e cujo interêsse já ficou suficientemente ressaltado, Bense lida também com teorias de aplicação mais específica, como, por exemplo, no campo das artes visuais sobretudo, a "medida estética" de Birkhoff (no campo do texto, que constitui o objeto pròpriamente de sua *Teoria dos Textos,* e que merece apenas referências de passagem nesta *Kleine Aesthetik,* Bense confere importância às teorias de Guiraud sôbre freqüência de palavras e de Fucks sôbre características matemáticas do estilo). A "medida estética" de Birkhoff vem interessando também a nova semiótica russa, que encontra nas tentativas de mensuração de fenômenos artísticos do poeta e teórico do simbolismo, Andriéi Biéli, um curioso precedente nesse sentido [43]. Como Bense mesmo o refere, as concepções estéticas do matemático americano Birkhoff são bastante tradicionais e sua "medida" tem em mira famílias de produtos regulares, como polígonos e vasos (um conjunto finito de objetos para os quais pode valer o mesmo sistema de ordem e complexidade numèricamente fixável). Ademais, os critérios para atribuir valor aos fatôres de ordem e complexidade da medida de Birkhoff são arbitrários e dependem da subjetividade. Assim, pode-se questionar a sua aplicabilidade universal [44]. Bense e seu grupo têm procurado

---

42 Entre os trabalhos recolhidos nessa compilação, está o de Samuel R. Levin, "Statistische und determinierte Abweichung in poetischer Sprache", que discute a utilidade e a pertinência dos critérios estatísticos para a avaliação do fenômeno estilístico do desvio da norma, preferindo elaborar o conceito de "agramaticabilidade", extraído das teorias de Chmosky. Êste, por seu turno, não obstante o notório influxo das matemáticas sôbre a sua gramática gerativa ou transformacional, manifesta em uma conferência de 1968, "Linguistique et étude de le pensée" (*Change* nº 1, Paris: Seuil, p. 49), suas reservas quanto à eficiência de noções tomadas à teoria matemática da comunicação ou à teoria dos autômatos simples para o estudo do "sistema de competência lingüística", que supõe estruturas mentais "qualitativamente diferentes".

43 Cf. ob. cit. na nota 27, pp. 10 e 207.

44 Leslie Mezei, "The use of computers as artists, art critics and aestheticians", *Objektive Kunstkritik* (Sttugart: Verlag Nadolski, 1969), escreve: "Sòmente quando tivermos respondido a essas questões" (vale dizer: não à questão da proporção correta, mas às da forma, configuração, estrutura, ordem, organização, que se vão tornando mais abordáveis do que no passado, graças às novas técnicas de processamento computacional, à cibernética e à teoria da informação) "poderemos passar a formular medidas estéticas de mérito, como Bikhoff o tentou, e mesmo assim sòmente no nível formal, sintático".

refinar e sutilizar a "medida estética", no sentido de deslocá-la do nível simplesmente macroestético para o microestético, conferindo-lhe assim maior rigor e objetividade. Por outro lado, é característica do pensamento bensiano a feliz extrapolação das elaborações teóricas para a prática artística, como ocorre, por exemplo, quando, neste livro, êle relaciona o alto valor estético da medida macroestética do quadrado, na família dos polígonos, com a preferência intuitivamente dada a essa forma geométrica na arte construtiva atual (de um Maliévitch, de um Max Bill, de um Albers). Também no que diz respeito à análise de textos, tanto Guiraud como Fucks não oferecem critérios que possam ser tomados de modo absoluto e universal, mas antes cuja pertinência, parece-me, deve ser estabelecida casuìsticamente. São dados a serem valorizados no conjunto de outros, obtidos por processos de diferente extração (como, por exemplo, no caso das análises de poemas, os instrumentos da lingüística não-matemática, tão notàvelmente manipulados por Jakobson), não se lhes devendo emprestar um estatuto privilegiado. O próprio Fucks apresenta suas conclusões com reservas acautelatórias, seja quanto à sua precisão, seja quanto ao seu relêvo para uma aferição estilístico-valorativa. Deixa, por assim dizer, em suspenso a questão de fixar-lhes a *pertinência,* como acima ficou dito. "As características de estilo, definidas através de propriedades estruturais dos textos quantitativamente compreendidas, podem ser específicas da língua, do gênero, do autor ou da obra. Em que escala elas são cientìficamente interessantes, é algo que só pode ser decidido em cada caso", — escreve. E ainda: "A caracterização do estilo por meio do comprimento médio de palavras e frases é, naturalmente, uma caracterização incomumente rudimentar, mostrando apenas a pura estrutura formal de um texto" [45]. Mais uma vez, é a prática que deve decidir, em última instância, da utilidade do aparelho teórico, dentro daquela relatividade metodológica já postulada pelos formalistas eslavos. Passando, por

---

[45] W. Fucks e Josef Lauter, "Mathematische Analyse des literarischen Stils", *Mathematik und Dichtung,* cit.; W. Fucks, "Unterschied von Dichtern und Schriftstellern nach der mathematische Stilanalyse". *Sprachforum* nº 1, 1955 (Muenster/Colônia: Bohlan Verlag).

exemplo, à análise da poesia de Arno Holz [46], Bense mostra como tirar um eficaz rendimento dos estudos fucksianos, inclusive valorizando estèticamente em têrmos positivos, à vista de outros elementos que também considera, o que, para Fucks, seria, *prima facie,* um sinal estilístico desfavorável: o excessivo comprimento das palavras e frases (no caso de Holz, verificável no gigantismo das palavras-montagem e nos profusos polipeiros de sentenças que formam o desenho típico do poema-livro *Phantasus*).

A filosofia de nosso tempo, segundo Bense, tem três funções principais: a fundadora, a crítica e a utópica. A função utópica é a outra face da crítica e também a sua projeção no futuro. A *Pequena Estética,* mesmo nos seus aspectos mais expostos ao debate, se deixa perpassar por duas raias complementares, que a vincam e unificam, como as marcas em linha de água na sucessão das páginas de um livro: a vontade de rigor e o descortino utópico, que estão, uma para com o outro, na mesma relação dialética de razão e sensibilidade (título significativo, aliás, de uma coletânea de ensaios do autor, *Rationalismus und Sensibilitaet,* de 1956). Chamado a opinar sôbre qual, a seu ver, o futuro da poesia na perspectiva da era tecnológica, Bense recorreu não a uma figura de retórica, mas a uma figura matemática: a *assíntota,* linha que se aproxima cada vez mais de uma curva dada, sem tocá-la nunca dentro de uma distância finita [47]. Através dêsse tropo geométrico seria possível, talvez, definir também tôda a atividade bensiana no campo da estética e da crítica: a convergência de racionalidade e fantasia, de método e imaginação, convergência que não se deixa exaurir na coincidência absoluta, pois se rege pela medida mesma dessa sua diferença permanentemente perseguida e jamais abolida, espaço intersticial onde se move o pensamento criativo.

---

46 "Textalgebra Arno Holz" (trata-se de um trabalho de 1964, que cito a partir de cópia datilografada em meu poder, pois não está mencionada sua publicação na *Bibliografia* bensiana).

47 Ver "A Fantasia Racional", na 2ª parte dêste volume.

Pequena Estética

*Introdução à estética de base
teórico-informacional*

MAX BENSE — 1970
Foto Liselotte Strelow

"Na medida — abstratamente expressas — estão reunidas a qualidade e a quantidade".

HEGEL, *Lógica*, I

Prefácio

A "estética informacional", que opera com meios semióticos e matemáticos, caracteriza os "estados estéticos", observáveis em objetos da natureza, objetos artísticos, obras de arte ou *design,* através de valores numéricos e classes de signos. Vale dizer, ela os define como uma espécie particular de "informação": a "informação estética", constituída em relação a uma fonte, isto é, a um repertório de elementos ou meios materiais. Embora a teoria se dedique principalmente a problemas "materiais", não ignora de modo algum os de natureza "intencional". Conta agora, aproximadamente, dez anos de existência. A partir dos trabalhos prévios do matemático americano Birkhoff e dos esforços envidados no mesmo sentido pelo pesquisador francês A. A. Moles, puderam ser lançadas, em Stuttgart, graças a uma equipe de colaboradores excepcionais, as primeiras bases de uma concepção estética, que unisse pontos de vista semióticos e da teoria da informação, para fornecer uma descrição objetiva dos "estados estéticos" realizados sensìvelmente em objetivos artísticos. Entrementes, os processos analíticos foram transpostos também para os sintéticos e a teoria foi levada adiante, sob o aspecto semiótico, numérico e cibernético. H. Frank, F. von Cube, W. Reichert, E. Walther e S. Maser ampliaram e aperfeiçoaram a teoria original. G. Nees e F. Nake na Alemanha, Hiroschi Kawano no Japão, Arnold Rochman e Leslie Mezei no Canadá introduziram a moderna concepção numérica da estética na técnica de computador. Aplicações nos domínios da gráfica computacional, da concepção de texto estocástica, * do *design* (R. Garnich) e da arquitetura (Kiemle) já se tornaram conhecidas e atuais.

Naturalmente, esta estética não pode ser qualificada como estética filosófica. As reflexões metafísicas lhe são essencialmente estranhas. Prevalecem nela, pelo contrário, pontos de vista matemáticos e tecnológicos. Daí ter-se falado não só em uma estética "matemática", mas também em uma estética "tecnológica". Mais adequada ainda seria a designação "estética científica", para expressar que, aqui, a formação de teorias pode ser submetida à revisão crítica do experimento [*Experiment*] ou da experiência [*Erfahrung*]. Realmente, nesta teoria estética comparecem idéias e conceituações que não pertencem apenas à matemática e à semiótica, mas que foram tomadas também da física, da teoria da informação, da teoria da comunicação, da teoria dos sinais [*Signaltheorie*] e da pesquisa de sistemas. Esta estética foi portanto concebida como um estética *objetiva* e *material,* que não opera com meios especulativos, porém com meios racionais. Seu interêsse primário é o objeto; a relação com o consumidor, o observador, o comprador, o crítico etc. cede-lhe o passo. Não se trata de uma "estética do gôsto", mas de uma "estética da constatação", na qual "estados estéticos", seus "repertórios" e seus "portadores", são descritos de forma "obje-

---

* *N. do A.*: Estocástico significa selecionado ao acaso.

tiva", "material" e "exata", na linguagem abstrata de uma teoria geral empírica e racional. Sob êste aspecto, a denominação "estética abstrata" também seria adequada.

Sòmente uma tal concepção estética, empírico-racional, objetivo-material, pode afastar o costumeiro palavrório especulativo da crítica de arte e fazer com que desapareça o irracionalismo pedagógico das nossas academias.

A "estética" pertence às disciplinas mediadoras entre as ciências naturais e as ciências humanas, tendo, como tôda ciência, suas bases filosóficas. Não é um "sistema", portanto não está concluída, mas uma "teoria não encerrada", uma ciência "aberta", que deve continuar sempre completável, sujeita à revisão, controlável. Em consequência, também o seu campo de aplicação "sintético" permanece "aberto" e pertence ao "princípio da pesquisa".

Max Bense
Stuttgart, 1968

Introdução

Numa primeira aproximação, estética é uma "teoria dos estados estéticos" que, como foi dito, se acham realizados em certos "dados" ("portadores") naturais, artísticos e técnicos. Êstes dados e feitos [*Gegebenheiten und Gemachtheiten*] podem ser tanto objetos [*Gegenstaende*] quanto eventos [*Ereignisse*]. De qualquer maneira, são realizados "materialmente", não sendo portanto apenas pensados ou imaginados. Tais estados estéticos compreendem tôda uma classe de propriedades daqueles dados que, na linguagem comum, também costumamos designar por expressões como "belo", "feio" "encantador", "sublime", "atraente" e outras semelhantes. No entanto, essas expressões tôdas não se referem sòmente aos "dados", mas descrevem ao mesmo tempo as sensações que podemos ter diante dêles ao gostar ou desgostar. Todavia, uma teoria "objetiva" dos estados estéticos deve, de início, compreender e descrever apenas o que aparece no objeto dado e não no sujeito contemplante.

Neste sentido, a "estética objetiva" é uma estética "material". Trata-se, pois, de considerar a "fonte", o "emissor", o "remetente" das "sensações estéticas" e não estas em si mesmas. Assim, distinguimos entre os "estados estéticos" da "fonte", ou seja, do "objeto estético", e as "sensações estéticas" do "sujeito estético", isto é, do produtor ou do contemplador. Na "estética material" aspira-se a uma teoria dos objetos reais, que se distingam por meio de "estados estéticos". Uma "estética do gôsto", interpretativa, permanece, portanto, fora de nosso interêsse.

Ainda assim, a constatação e descrição de um estado estético material e objetivo é, ao mesmo tempo, a fixação de um certo relacionamento com o mundo, de uma relação sujeito-objeto, como esta surge em tôda percepção, em todo entendimento, em todo saber, em tôda língua. Isto significa que tôda fixação real de um estado estético em um "portador material" determina também uma relação consciência-mundo. Em geral, entende-se — na linguagem corrente — esta "fixação estética" de um "estado material" como uma relação criativa com o mundo, mas a relação que aí aparece entre mundo e consciência, ou entre "material" e "formação criativa", é além disto uma relação comunicativa.

Fazem-se aqui necessárias algumas explicações gerais, básicas. Nenhuma relação consciência-mundo é imediata. A consciência age e o mundo é elaborado. Entre mundo e consciência interpõem-se os "meios" da ação e da elaboração. Pois nenhum mundo, material algum, entra, como tal, na agitação da consciência, na reflexão, na abstração, na seleção, na representação. Tem que ser "mediado". A língua é o *medium* mais conhecido e mais eficaz dessa "mediação". Mas não é de modo algum o mais elementar, imediato e geral. O *medium* mais elementar, imediato e geral da mediação entre mundo e consciência, e também entre consciência e consciência, cumpre encará-lo antes como um sistema de "signos", que é possível interpretar como um sistema conscientizado de "sinais", que partem do mundo. Nossas "línguas" de modo algum emergem diretamente dos objetos-do-mundo [*Weltobjekte*]: elas também são mediadas por camadas de "sinais" e camadas de "signos". "Sinais" são substratos físicos dos objetos-do-mundo; "signos", no entanto, são substratos fenomenais da consciência. Os sistemas lingüísticos não se desenvolvem diretamente sôbre os objetos-do-mundo; os sistemas semióticos formam o âmbito da mediação e da transformação. Daí os "significados" [*Bedeutungen*] (sistemas semânticos) não poderem jamais ser tomados imediatamente dos mundos-do-objeto; êles são mediados por esquemas semióticos que, por sua vez, são determinados por classes de sinais. Portanto, se a fixação de estados estéticos — a qual, como foi dito, requer sempre portadores "materiais" — é ao mesmo tempo a fixação de uma relação com o mundo, segue que ela depende dos sistemas comunicativos e criativos de sinal e signo, que atuam entre mundo e consciência.

1. Semiótica abstrata

Signo é tudo o que fôr entendido como signo e sòmente o que fôr entendido como signo. Qualquer coisa [*Etwas*, algo], que se queira pode(em princípio) ser entendida como signo.

Aquilo que é entendido como signo não é mais objeto, porém coordenação [*Zuordnung*] (com algo que pode ser objeto), em certa medida meta-objeto.

A coordenação, que é dada com algo entendido como signo, é triádica: êste algo é coordenado, como "meio", a um "objeto" para um "interpretante". Por isso falamos em primeiro lugar da "relação triádica de signo" (R_s).

```
         Meio
          △
       R_S
Objeto ───── Interpretante
```

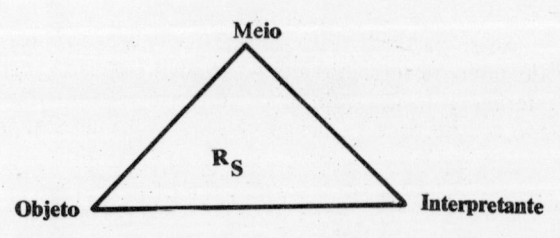

A esta "relação triádica de signo" pertence a "função triádica de signo", que determina os três tipos diferentes de funções de signo: "realização", "comunicação" e "codificação".

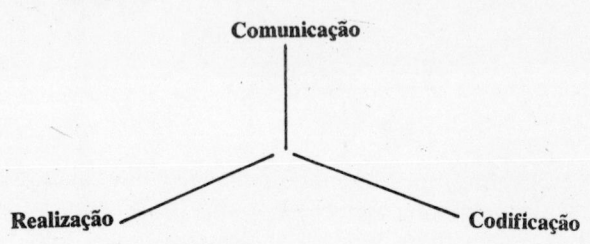

```
            Comunicação
                │
                │
    Realização ─┴─ Codificação
```

À "função de realização" corresponde òbviamente a "referência de objeto", à função de comunicação" a "referência de meio" e à "função de codificação' a "referência de interpretante".

Além disso, a aplicabilidade dos signos é determinada por três "operações de signo":

1. Adjunção de signos isolados a seqüências de signos (concatenação);
2. Iteração de um signo, isto é, a formação do "signo do signo", ou então, do "signo do signo do signo" etc.;
3. Majoração [*Superisation,* Sup do Signo] de signos em configurações [*Gestalten*] de signos e estruturas de signos, vale dizer, em super-signos.

A "adjunção" pode se representada esquemàticamente por um simples encadeamento linear de signos, como:

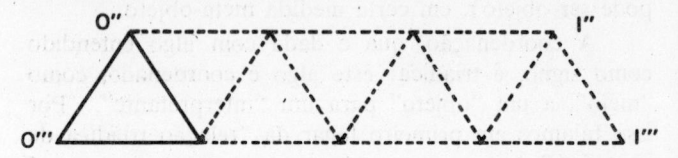

```
    O"                              I"
    △    △    △    △
O'''                                I'''
```

Se se partir do fato de que na "iteração" um signo é de nôvo relacionado com um signo e cada signo na "referência de interpretante" concerne novamente a um signo, a "iteração" corresponde ao seguinte esquema:

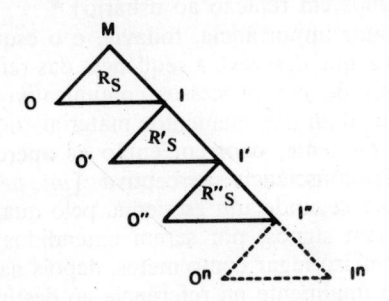

A "majoração" de um signo isolado em uma ordem de signos mais elevada corresponde, naturalmente, sempre a uma nova "referência de objeto" e a uma nova "referência de interpretante".

O esquema conjunto da "operação triádica de signo", conseqüentemente, pode ser figurado da seguinte maneira:

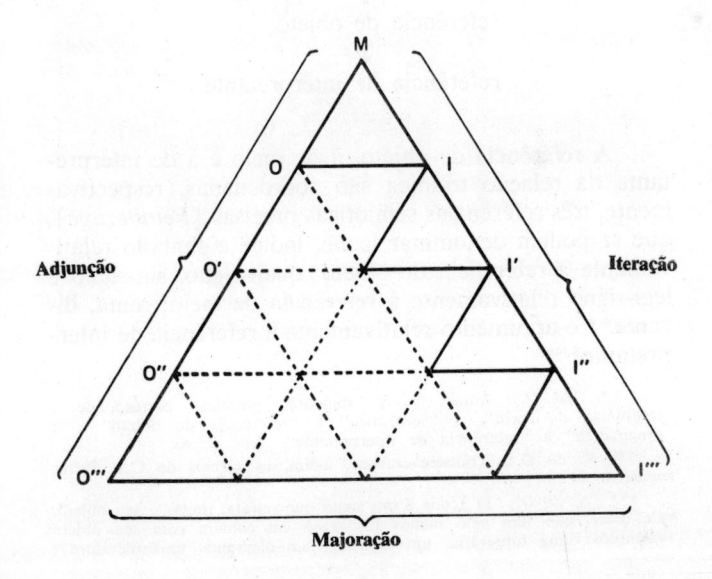

Com Morris, cabe por fim falar ainda da "dimensão de signo", onde o têrmo "dimensão" significa o mesmo que grau de liberdade do uso. Neste sentido, cumpre distinguir entre dimensão sintática (signos em relação a signos), semântica (signos em relação a objetos) e pragmática (signos em relação ao usuário).*

De maior importância, todavia, é o esquema gerador de signo, que descreve a seqüência das referências de signo, sobretudo nos processos comunicativos de signo. Se partirmos aqui dos elementos materiais dos sinais de um objeto emitente, ocorrem então as apercepções semióticas na consciência perceptiva [*im perzipierende Bewusstsein*] segundo um esquema, pelo qual sinais dados se tornam signos, por serem entendidos como signos, em primeiro lugar como meios, depois na referência ao objeto e finalmente na referência ao destinatário (ou seja, interpretante). Isto significa que a "referência de meio" constitui a "referência de objeto" e a "referência de interpretante", como evidencia o seguinte esquema gerador:

repertório de elementos
↓
referência de meio
↓
referência de objeto
↓
referência de interpretante

À referência de objeto, à de meio e à de interpretante da relação triádica são coordenadas, respectivamente, três referências semióticas precisas [*Feinbezüge*], que se podem denominar ícone, índice e símbolo relativamente à referência de objeto; quali-signo, sin-signo e legi-signo relativamente à referência de meio; rema, dicente** e argumento relativamente à referência de interpretante***

* *N. do O.*: Notar que a "dimensão sintática" corresponde à "referência de meio", a "semântica" à "referência de objeto" e a "pragmática" à "referência de interpretante". Ver p. 96.

** *N. do O.*: Transcreveram-se, assim, os têrmos de C.S. Peirce *rnema* e *dicent*.

*** *N. do O.*: 1) ícone é um signo que retrata, imita, o seu objeto, vale dizer, que tem pelo menos um traço em comum com seu objeto (exemplos: uma fotografia, um esquema, um diagrama, uma metáfora);

```
          Qua   Sin   Leg
           \    |    /
            \   |   /
             \  |  /
              \ | /
               \|/
                M
               / \
              /   \
             / R   \
Sy ─────────/   S   \───────── Re
           /         \
In ───────O───────────I─────── Di
         /             \
        /               \
Ic                       Ar
```

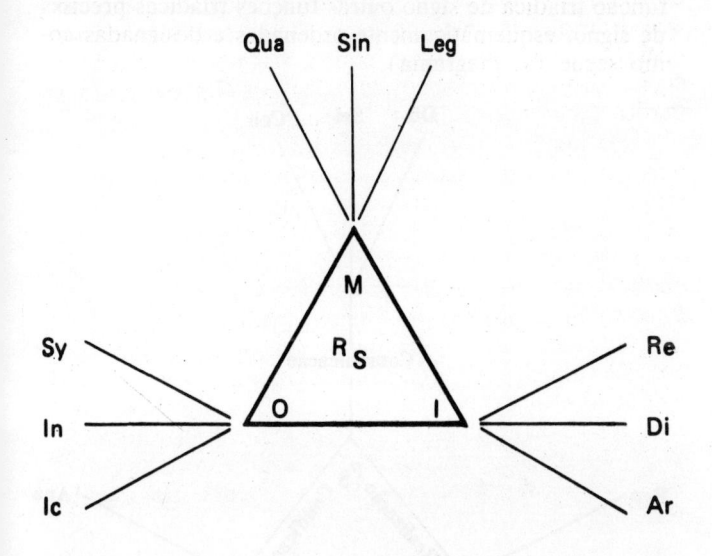

índice é um signo que te relação real, causal, direta co seu objeto, que aponta diretamente para o objeto ou o assinala, que dirige nossa atenção para o objeto indicado como por um impulso cego (exemplos: sinais físicos como "está molhado, é sinal de que choveu"; os sintomas de uma doença; a seta que indica um caminho; um número ordinal, um nome próprio, um pronome demonstrativo); *símbolo* é um signo que não imita nem indica seu objeto, mas que o representa de maneira arbitrária, convencional (exemplo: as palavras do dicionário de uma língua). 2) *Quali-signo* é um signo qualitativo, uma qualidade sensível tomada como signo (exemplo: uma côr); *sin-signo*, ou signo singular, é um objeto ou evento (ou uma coisa ou evento atualmente existentes), tomados como signo (exemplos: um diagrama individual, um determinado quadro, uma palavra como representação ou réplica individual do seu *legi-signo* ou tipo geral); *legi-signo* é uma lei (*lex,legis*), ou tipo geral, tomada como signo (exemplo: as letras do alfabeto, independentemente de sua realização impressa, datilografada ou manuscrita). 3) *Rema* (do grego, *rhema, rhematos,* palavra, têrmo), é um signo que não é nem verdadeiro nem falso; que, para o seu interpretante, é o signo de uma possibilidade qualitativa, de uma função proposicional que depende de completação (o *rema* é um têrmo, em relação ao *dicente,* que é um enunciado, e ao *argumento* que é um juízo completo, um raciocínio conclusivo); *dicente,* que corresponde, como já vimos, ao enunciado, é um signo que se presta à afirmação ou asserção, que move a consciência ao julgamento, que é verdadeiro ou falso, que, para seu interpretante, é signo de uma existência real, atual; *argumento* é um signo que, para seu interpretante, é o signo de uma conjunção ordenada; o argumento contém premissas (*dicentes*) e uma conclusão, que o completa (exemplos: um silogismo; um "estilo artístico", regulado por leis). Peirce incluiu êsses tipos de signos em categorias, a saber: 1) *ícone, quali-signo* e *rema* pertencem à categoria denominada *Firstness* (primariedade), que compreende o domínio do sensível, do possível, do qualitativo (do "emocional"); 2) *índice, sin-signo* e *dicente* pertencem à categoria denominada *Secondness* (secundariedade), que compreende o domínio da experiência, da realidade, da ação, da coisa ou do evento (do "energético"); 3) *símbolo, legi-signo* e *argumento* pertencem à categoria denominada *Thirdness* (terciariedade), que compreende tudo o que depende do pensamento, da consciência, da

Isto pôsto, devem também corresponder às funções da função triádica de signo outras funções triádicas precisas de signo, esquemàticamente ordenadas e designadas como segue (v. diagrama).

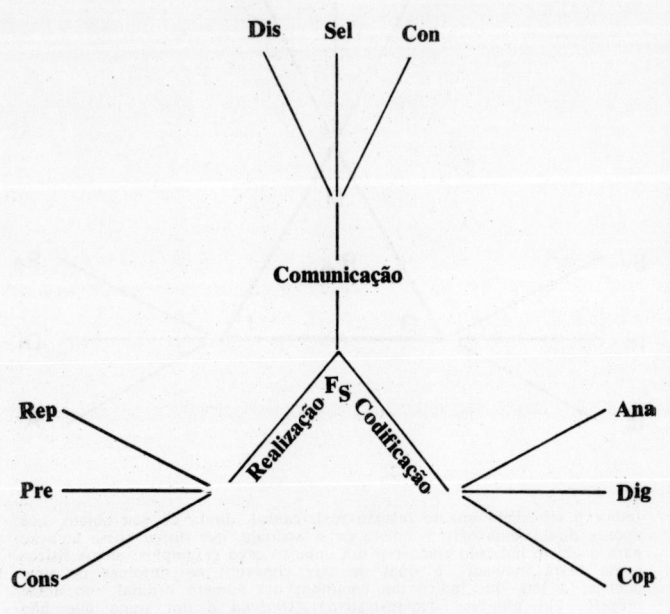

```
        Dis   Sel   Con
          \    |    /
           \   |   /
            \  |  /
             \ | /
          Comunicação


Rep                              Ana
     \          F_S          /
Pre   \—Realização Codificação—/  Dig
      /                        \
Cons /                          \ Cop
```

Comunicação: disjuntiva, seletiva, contínua
Realização: construtiva, presentativa, representativa
Codificação: análoga, digital, copulativa

reflexão; é o domínio do necessário, da lei (do "lógico"). Do exposto, resulta o seguinte esquema:

R_S

Categorias	Refer. de objeto (signo em relação ao objeto)	Ref. de meio (signo em relação a si mesmo = ao signo, ao meio)	Ref. de interp. (signo em relação interpretante)
PRIMARIEDADE	ícone	quali-signo	rema
SECUNDARIEDADE	índice	sin-signo	dicente
TERCIARIEDADE	símbolo	legi-signo	argumento

(Cf. Elisabeth Walther, "Die Begruendung der Zeichentheorie bei Charles Sanders Peirce, *Grundlagenstudien aus Kybernetyk und Geistwissenschaft*, vol. 3, nº 2, abril 1962; "Abriss der Semiotik", *Arch +*, Stuttgart, nº 8, outubro 1969; Max Bense, *Semiotik*, Agis Verlag, Baden-Baden, 1967; Charles Sanders Peirce, *Die Festigung der Uberzeugung* (antologia organizada e apresentada por E. Walther), Agis Verlag, Baden-Baden, 1967).

Os signos, entendidos como tais, em um dado repertório de elementos são simples ou compostos. Os signos "compostos" formam-se a partir dos "simples" por meio de adjunção, iteração ou majoração.

Uma "cadeia de signos" (por exemplo, uma seqüência qualquer de palavras) é um exemplo de um signo "composto por adjunção"

Uma "convergência de signos" (por exemplo, "o ser do ser do ser...") é um exemplo de um signo "composto por iteração".

Uma "configuração de signos" (por exemplo, um enunciado) é um exemplo de um signo "composto por majoração".

Em princípio, a "ligação" de signos pode ocorrer em tôdas as três referências; isto é, a composição pode constituir-se de componentes de tôdas as referências da "relação triádica".

Classe, ou seja, classe de combinação, à qual pertence um sinal dado, que seja entendido como signo, é a combinação triádica de suas referências.

Basta para tanto partir das dez classes básicas, que Peirce distinguiu:

1. Quali-signo remático-icônico: por exemplo, a sensação de vermelho;

2. Sin-signo remático-icônico: por exemplo, um diagrama singular;

3. Sin-signo remático-indicial: por exemplo, um grito espontâneo;

4. Sin-signo dicente-indicial: por exemplo, um catavento;

5. Legi-signo remático-icônico: por exemplo, um diagrama geral;

6. Legi-signo remático-indicial: por exemplo, um pronome demonstrativo;

7. Legi-signo dicente-indicial: por exemplo, placas de trânsito (Pare!);

8. Legi-signo remático-simbólico: por exemplo, um conceito geral;

9. Legi-signo dicente-simbólico: por exemplo, um enunciado;

10. Legi-signo argumental-simbólico: por exemplo, uma figura de conclusão.*

Todo objeto dado (pela coordenação com outro) pode ser entendido como signo. Isto pôsto, se introduzirmos os signos α, β, γ ... em um conjunto E de coisas quaisquer A, B, C..., segue que, por êsses signos, deve-se entender o conjunto coordenado α ε S (A, B) de cada par ordenado (A, B) de coisas quaisquer ex-

---

* *N. do O.*: As 10 classes de signos estabelecidas por Peirce podem ser explicadas do seguinte modo:

1 — *Quali-signo remático-icônico*. A sensação cromática de vermelho é uma qualidade tomada como signo. Em relação ao objeto, a qualidade é um *ícone*, pois só o representa porque tem algo em comum com êle. Para o seu interpretante, a qualidade é uma possibilidade aberta, o signo de uma essência, logo, um *rema*.

2 — *Sin-signo remático-icônico*. Um diagrama singular é um *sin-signo*. Como tem algo análogo a seu objeto, é também um *ícone*. Representando, para seu interpretante, uma possibilidade qualitativa, o signo de uma essência, é um *rema*.

3 — *Sin-signo remático-indical*. Um grito espontâneo é um signo singular (*sin-signo*), um evento tomado como signo. Como chama diretamente a atenção sôbre um objeto, está efetivamente relacionado com êle, é também um *índice*. Para o interpretante, é uma possibilidade qualitativa, o signo de uma essência, portanto um *rema*.

4 — *Sin-signo dicente-indicial*. Um catavento é um signo singular, um objeto de nossa experiência direta, e também um *índice*, pois seu movimento está imediatamente ligado ao processo físico que assinala. Para o seu interpretante, é o signo de uma existência real e transmite uma informação sôbre o seu objeto, que pode ser enunciada como uma afirmação ou uma negação. Logo, é um *dicente*.

5 — *Legi-signo remático-icônico*. Um diagrama geral, independentemente de sua atualização fatual, é um tipo ou lei geral, portanto um *legi-signo*. Produz na mente um *ícone*, na medida em que reproduz a idéia geral de seu objeto, sob a forma de um análogo. É também um *rema*, o signo de uma possibilidade qualitativa. Atualizado num diagrama singular, êsse diagrama-tipo converte-se num *sin-signo remático-icônico* (cf. 2, supra).

6 — *Legi-signo remático-indicial*. Um pronome demonstrativo é um *índice* no plano da linguagem verbal, chamando a atenção diretamente sôbre seu objeto. Enquanto considerado como tipo geral, representativo da faculdade que a linguagem tem de designar mostrando (fenômeno que em gramática se chama *dêixis*), é um *legi-signo*. Como têrmo isolado, parte de um possível enunciado, é um *rema*.

7 — *Legi-signo dicente-indicial*. Placas de trânsito, consideradas como tipo geral, como enunciados de um sistema de leis de tráfego, independentemente de suas réplicas singulares, são *legi-signos*. Sendo enunciados, movendo a consciência a uma afirmação ou negação, são *dicentes*. Apontando diretamente para o seu objeto, assinalando-o por uma relação de natureza causal e compulsória, são também *índices*.

8 — *Legi-signo remático-simbólico*. Um conceito geral (os substantivos do dicionário da língua, por exemplo), que representa convencionalmente seu objeto, é um *símbolo* e também um *legi-signo*. Como têrmo, parte de um possível enunciado, é um *rema*.

9 — *Legi-signo dicente-simbólico*. Um *legi-signo remático-simbólico*, integrado como predicado (função proposicional) num dicente, formando uma frase (enunciado) do tipo: "Sócrates é filósofo". Trata-se de um signo composto, envolvendo a classe imediatamente anterior.

10 — *Legi-signo argumental-simbólico*. Uma figura de conclusão, que tenha como premissas *legi-signos dicente-simbólicos*. Um silogismo ou uma forma artística determinada por regras sistemáticas, como um sonêto ou uma fuga, servem de exemplos. Trata-se de um signo composto, envolvendo a classe imediatamente anterior.

(Cf. bibliografia cit. na *N. do O.* à p. 58).

traído de E, cujos elementos se denominam "coordenadas" (ou "imagens").

A coordenação de A com B pode ser representativa, de tal modo que A substitua B (a palavra "árvore" substitua o objeto árvore), ou pode ser presentativa, de tal modo que A como parte de B o indique (apito da locomotiva).

Uma vez que para a definição dos "signos" são pressupostos um conjunto de coisas quaisquer e, neste, pares ordenados de coisas quaisquer, que determinam as coordenadas ou imagens, é possível desenvolver a teoria dos signos como parte da teoria da álgebra dos conjuntos e sua definição corresponde à de "categoria", um conceito através do qual as propriedades comuns podem ser unificadas. De fato, cada signo tem, nesse sentido, uma função categorial e é signo para cada categoria.

Tomando em consideração a relação triádica dos signos introduzida por Peirce, cumpre entender sob um "signo" ($\alpha, \beta, \gamma, \ldots$) uma "coordenação" que se refere, no conjunto de coisas quaisquer E, a três classes de coisas quaisquer, $O = a, b, c \ldots, M = k, 1, m \ldots$ e $I = x, y, z \ldots$, as quais são designadas como "objetos", "meios" ("mediações") e "interpretantes":

$$\alpha \; \varepsilon \; S \;\; (M, O, I)$$

Conhecemos $\alpha \; \varepsilon \; S \;\; (M, O, I)$ como "coordenação triádica de signo", ou "relação triádica de signo", ou, ainda, simplesmente como "signo" no conjunto de coisas quaisquer M, O, I.

A notação introduzida para $\alpha \; \varepsilon \; S \;\; (A, B) \equiv A \rightarrow B$, que expressa a coordenação de $A \rightarrow B$, resulta para a "coordenação triádica":

$$\alpha \; \varepsilon \; S \;\; (M, O, I) \equiv \alpha: M \rightarrow O \rightarrow I,$$

devendo ser lida: com o signo α coordena-se um "meio" a um "objeto" para um "interpretante".

Em cada signo são, portanto, estabelecidas uma referência de objeto, uma de meio e uma de interpretante. A referência de objeto chama-se também "representação", a referência de meio chama-se também "linguagem" e a referência de interpretante chama-se também "expressão".

Visto que tôda coordenação, como signo, possui um signo, que é por sua vez uma "coordenação triádica", segue-se que todo signo é passível de ser entendido como signo no sentido da iteração, enquanto coordenação triádica de uma coordenação triádica, devendo ser portanto representável por "referência de objeto", "referência de meio" e "referência de interpretante".

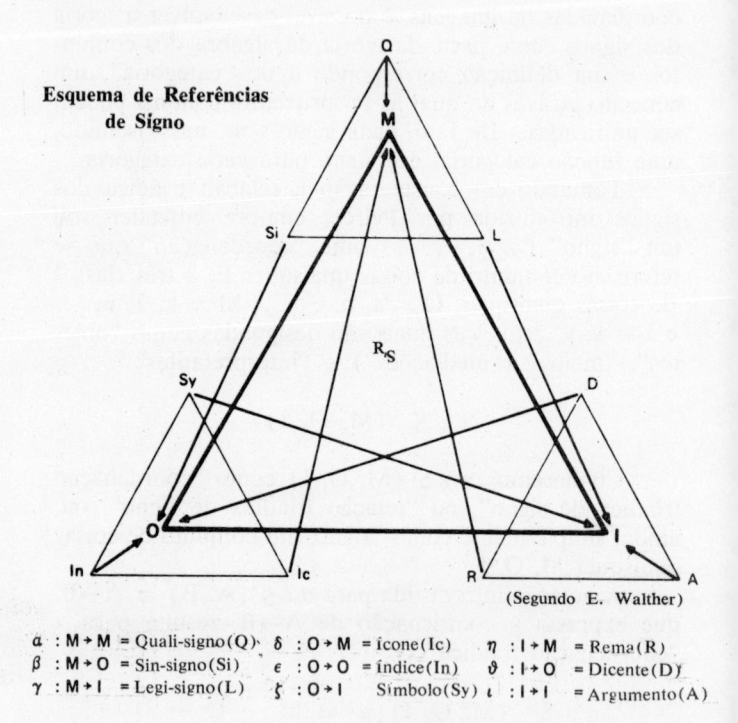

Esquema de Referências de Sígno

(Segundo E. Walther)

α : M→M = Quali-signo(Q) δ : O→M = ícone(Ic) η : I→M = Rema(R)
β : M→O = Sin-signo(Si) ϵ : O→O = índice(In) ϑ : I→O = Dicente(D)
γ : M→I = Legi-signo(L) ζ : O→I   Símbolo(Sy) ι : I→I = Argumento(A)

As referências triádicas de meio "quali-signo", "sin-signo" e "legi-signo", introduzidas por Peirce, devem ser descritas, por conseguinte, como "referência de meio da referência de meio", "referência de objeto da referência de meio" e "referência de interpretante da referência de meio"; as referências triádicas de objeto "ícone", "índice" e "símbolo", como "referência de meio da referência de objeto", "referência de objeto da referência de objeto" e "referência de interpretante da referência de objeto"; e as referências triádicas de interpretante "rema", "dicente" e "argumento", como "referência de meio da referência de interpretante", "referência de objeto da referência de interpretante" e "referência de interpretante da referência de interpretante". *

---

* *N. do O.*: Para a melhor compreensão do "esquema das referências de signos", devemos ter em conta as já mencionadas categorias peircianas, dentro do quadro combinatório seguinte:

		MEIO	OBJ.	INTERP.
MEIO	PRIMARIEDADE (qualidade)	quali-signo	ícone	rema
OBJETO	SECUNDARIEDADE (coisa ou evento)	sin-signo	índice	argumento
INTERPR.	TERCIARIEDADE (lei: reflexão)	legi-signo	símbolo	dicente

O quadro deve ser lido combinando-se as referências na horizontal e na vertical. Assim: *quali-signo* $= M \to M$ (referências de meio da referência de meio); *sin-signo* $= M \to O$ (referência de objeto da referência de meio); *legi-signo* $= M \to I$ (referência de interpretante da referência de meio), etc.

2. Teoria geral do repertório

Os conceitos de "signo" ou "configurações de signo" [*Zeichengestalten*] implicam o conceito de seu *repertório*. Todo signo ou todo elemento usado para a construção de um *objeto artístico,* — elemento que se pode portanto entender como *signo* e que funciona como tal, — pertence a *repertórios* delimitáveis e selecionáveis. Pelo menos, o fato de um mundo artificial de objetos artísticos depender de um repertório sugere que o modo de contemplar êsse mundo deva ser descontínuo, discreto, vinculado a seus *elementos*. O aspecto teórico-repertorial é essencial para a semiótica e, como veremos, para estética.

À "relação triádica de signo", tal como Peirce a introduziu, corresponde, no caso, uma "relação triádica de elementos", quando se considera que cada *elemento,* entendido como *signo,* ou usado como tal, possui componentes de substância, de forma e de intensidade. Neste sentido, falamos de "substância de signo", "configuração de signo" e "intensidade de signo".

Todo repertório de elementos, que podem ser entendidos como signos, é, primàriamente, um *repertório material,* determinado por categorias de substância, forma e intensidade. Todavia, também pertencem ao repertório elementos ideais, não-materiais. Como justamente êles constituem a dimensão semântica, relevante para o interpretante, dos signos, ou dos super-signos, podemos denominá-los "semantemas" e falar em *repertório semântico.* A diferença entre o repertório material e o semântico constitui parte fundamental da "teoria do repertório" da estética mais recente. Tôda concepção e produção consciente de um *estado estético* ou de um *objeto artístico* (que é portador de um estado estético) parte de um repertório que possui, além da componente material, uma componente semantema. Na criação de um retrato, por exemplo, "côres" e "formas" pertencem ao repertório material, mas "similitude" diz respeito ao repertório semantema.

Em geral, vige o princípio básico teórico-repertorial, de que o objeto produzido não transcende materialmente seu repertório material e de que a dimensão semântica de sua realização é determinada pelo repertório semantema.

O repertório tem naturalmente a função teórico-comunicativa ou teórico-criativa de um "emissor", de uma "fonte", o que significa, porém, que êle é *seletível.* Em geral, nenhum repertório é transposto completamente para o *objeto-obra* material. O objeto-obra é, na maioria das vêzes, apenas uma "imagem" material *parcial* do repertório, exatamente, uma *seleção material.*

Em princípio o repertório, do qual são gerados estados estéticos, ou seja, objetos artísticos, pode naturalmente ser concebido como ilimitado. Só repertórios finitos são, todavia, manipuláveis e, portanto, seletíveis.

Os repertórios quase nunca são explorados completamente, nem no que tange a seus materiais elementares como tais, nem no que respeita a conjuntos dêstes.

Contudo, há também objetos artísticos que não apenas exploram e transmitem inteiramente um ou outro dos aspectos material ou semantema do repertório, mas que até mesmo os carreiam consigo, como, por exemplo, as "dobragens" [*Faltobjekte,* objetos feitos por dobradura] que comumente conservam por completo ao menos a superfície de papel pertencente ao repertório. Aqui a dobradura trabalha, em certa medida, diretamente no próprio repertório. Também a produção de uma escultura a partir de pedras preexistentes significa um trabalhar no repertório, embora, no caso, pelo menos no que concerne à quantidade do material, se trate de reduzir o repertório. Neste sentido, a criação de uma *décollage,* na acepção de Reinhold Koehler, assemelha-se ao trabalho de um escultor em um repertório pré-fabricado.

O repertório, naturalmente, só em caso ideal contém os elementos materiais (e semantemas) em uma repartição eqüiprovável e, portanto, em estado de mistura ou desordem caógena, estado que é transposto, no processo artístico, estético, para uma ordem inovadora e original. Os repertórios reais contam sempre com uma certa repartição preestabelecida, vale dizer, uma repartição, de desigual probabilidade e freqüência, dos materiais elementares. A transposição do repertório ao objeto estético significa, pois, na maioria das vêzes, uma passagem da pré-ordenação à ordenação.

Quando falamos de *repertórios finitos,* aos quais, se os interpretarmos como emissor ou expedidor em um esquema criativo de comunicação, é possível, correspondentemente, como veremos mais tarde, coordenar um *esquema finito* de repartição de probabilidade de seus elementos materiais ou signos, então a moldura do objeto artístico fixa, de certa maneira, êsse esquema finito. O conceito de *moldura* [*Rahmen*] deve naturalmente ser aqui tomado em um sentido bastante amplo; pode-se defini-lo como margem, como delimitação do portador dos estados estéticos, mas também como moldura especial de um quadro, como pedestal, como superfície que sustenta a justificação das linhas [*Satzspiegel:* justificação no sentido tipográfico] de um texto, e coisas semelhantes. Êle fixa não só a finitude do objeto artístico, mas também o tamanho, o formato e a intensidade. Neste sentido, a moldura pertence ao repertório, à *pré-ordenação,* vale dizer, a uma decisão prévia sôbre o estado estético e seu portador. Às suas três funções básicas, a *sintática* (a capacidade de separar o objeto artístico do ambiente), a *semântica* (a localização espacial de representações de conteúdo) e a *pragmática* (a localização espácio-temperal do objeto artístico como tal) pertence, portanto, também, a *função estética* da *pré-ordenação.*

Repertório e *moldura* encontram-se òbviamente em um nexo de *correlação* mútua. A moldura é dependente do repertório assim como o repertório é dependente da moldura. Com o fito de determinar as medidas estéticas, na estética informacional estatística, interpretaremos os objetos artísticos no plano material como *conjuntos de elementos articulados* e caracterizaremos cada elemento por meio de propriedades numéricas (por exemplo, número de sílabas das palavras no texto ou grau de recobrimento dos elementos reticulares da superfície de um quadro correspondentemente dividida em retícula). Aqui é preciso usar, pois, um conceito generalizado de *retícula* que, a seu turno, é, por um lado, depende do repertório e, por outro, dependente da moldura. A retícula medeia o *esquema finito* da repartição de probabilidade dos elementos materiais do repertório de um modo mais grosseiro, porém, sua pré-ordenação é mais sutil, mais inovadora que a do repertório. Portanto, como o próprio repertório e a moldura, cada retícula também pertence ao repertório. Todos êles são, de certa forma, elementos básicos gerais e materiais de estados estéticos de objetos artísticos.

. Cumpre chamar atenção ainda sôbre o *portador do estado estético.* Antes de tudo, êle pertence ao *repertório* material (pedra, substância corante, tela, tipografia, palco e assim por diante), mas, evidentemente, também pode compreender elementos semantemas (motivos, tendências, conteúdo etc.). O *portador,* naturalmente, não deve ser confundido com o repertório, embora em certo sentido também seja dependente de repertório, uma vez que é seletível sòmente quando o repertório está estabelecido. Nesta conexão, no que concerne à moldura, pertence ela primàriamente ao portador e sòmente por via do portador, e na sua medida, ao repertório. Há no mínimo três *classes de portadores* a distinguir:

1. O portador específico-*singular* de um único determinado estado estético (por exemplo, uma determinada sílaba ou seqüência de palavras onomatopaica);

2. O portador específico-*parcial* de um único determinado estado estético (uma tela imprimada de uma determinada maneira);

3. O portador *geral não-específico* de estados estéticos não especificados (ordenações ornamentais, estruturais, abstratamente realizáveis de modo idêntico em diferentes repertórios materiais). As molduras pertencem em geral a portadores não-específicos.

3. Signo e informação

A fim de compreender o signo em seu amplo significado para a comunicação, partimos do esquema geral da comunicação, tal como foi adotado, sobretudo por Meyer-Eppler, para as teorias da informação e da comunicação, esquema que distingue entre o expedidor (Exp), o canal de comunicação (CC) e o receptor (Rec).

$$\text{Exp} \text{-------} \overset{CC}{\text{-------}} \longrightarrow \text{Rec}$$

Pode-se conceber êste esquema de forma tão generalizada que compreenda todo tipo de relação comunicativa, desde a transmissão de energia até a relação causal (relação de causa e efeito) e a relação de percepção ou de conhecimento (relação de sujeito e objeto).

Como genuíno "portador" ou "mediador" desta "comunicação externa", como a queremos designar, cumpre considerar o "sinal" que, novamente segundo Meyer-Eppler, deve ser entendido como o substrato físico-energético, no sentido de uma função de três parâmetros de lugar e um de tempo:

$$\text{Sin} = f(q_1, q_2, q_3, t)*$$

Êsses sinais realizam portanto, primàriamente, a mencionada comunicação externa:

Exp -------------- Sin -------- ▶ Rep

Isto significa que tanto ao expedidor quanto ao receptor pertence, respectivamente, um repertório de sinais:

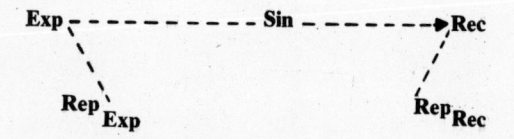

Exp ----------- Sin -------▶ Rec
  \   /
   \   /
   Rep$_{Exp}$ Rep$_{Rec}$

Na medida em que tanto o expedidor quanto o receptor são determinados pelos repertórios de sinais e que os sinais representam unidades de comunicação físico-energéticas (unidades da "comunicação exterior"), pertencem êstes, como tais, ao mundo físico, que se pode interpretar como repertório universal de todos os sinais. Tôda relação comunicativa dêsse mundo é, por conseguinte, determinada como processo sinalético [*Signalprozess*]. Cumpre portanto encarar o mundo como suma totalizadora [*Inbegriff*] de todos os sinais ou como suma totalizadora de todos os processos sinaléticos.

Como complementação dêsse conceito de mundo, em têrmos de física, cito a observação de A. March**:

* *N. do T.*: Usaremos, aqui, *S* como abreviatura de *signo* e *Sin* como abreviatura de *sinal*. Mais adiante (no cap. 5), reaparecerá *Sin* como abreviatura de *singular* (sin-signo), como já antes ocorrera no cap. 1.

** *N. do A.*: A. March, *Die physikalische Erkenntnis und ihre Grenzen*, 1955.

"Tudo o que o físico sabe do mundo, resume-se em leituras de ponteiros", ou seja, em informações indiciais que se referem a sinais.

Mas além de sua fixação como função espácio-temporal, o sinal ainda é determinado por duas outras características. Em primeiro lugar, desaparece no conceito de "sinal" a diferença entre "evento" e "objeto", que era importante para a teoria do conhecimento, clássica. Um sinal deve ser entendido antes como "objeto-evento", ou seja, é ao mesmo tempo "objeto" e "evento". Em segundo lugar, é permissível diferenciar no sinal "categorias de substância", "categorias de forma" e "categorias de intensidade". O sinal que funciona no esquema comum de comunicação representa, portanto, uma relação energética triádica de "substância", "forma" e "intensidade":

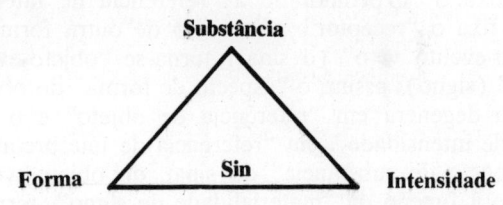

```
           Substância
              /\
             /  \
            /    \
    Forma  /_Sin__\  Intensidade
```

Semelhantes sinais funcionam como portadores de signo e de informação, ou seja, como mediadores de comunicação. Cabe aqui observar que um sinal (assim como a "informação" que êste transporta) pode ser encarado ora como sinal *vivo,* ora como sinal *morto.* Falamos de sinal *vivo,* quando êste se apresenta, efetivamente, como evento, por conseguinte, é atuante apenas na duração do processo energético; e falamos de sinal *morto* quando, independentemente de sua energia criadora, apresenta-se fixado como configuração e está armazenado (na fita magnética, no quadro visual, como escrita).

A passagem do sinal (energético) para o signo (selecionado) pode ser conseguida quando, por signo, compreendemos um sinal "morto", ou seja, um sinal armazenado ou fixado configurativamente.

Asim, o sinal morto se torna portador configurativo de signo e a relação triádica de sinal se torna relação triádica de signo, conforme mostra o seguinte esquema:

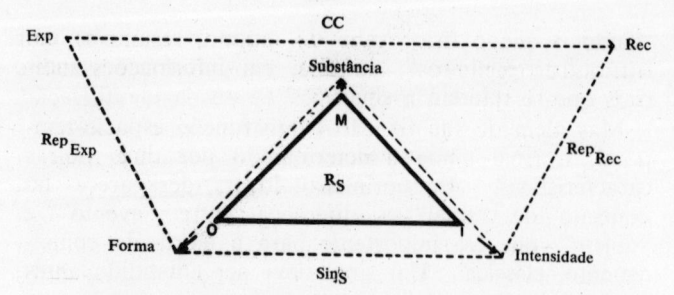

```
        CC
Exp ·······················> Rec
     Substância
         M
Rep_Exp           Rep_Rec
         R_S
   Forma ·················· Intensidade
         Sin's
```

Assim como o sinal produz, no processo energético de sinal, uma relação comunicativa entre dois sub-repertórios de sinais do repertório universal de sinais, o signo fixa essas "relação comunicativa de sinal" em uma "relação triádica de signo", como Peirce a descreveu. A assim chamada "referência de objeto" do signo fixa o "expedidor" e a "referência de interpretante" fixa o "receptor". Expresso de outra forma: o "objeto-evento vivo" (o sinal) torna-se "objeto-evento morto" (signo); assim, o "aspecto de forma" do objeto-evento degenera em "referência de objeto" e o "aspecto de intensidade", em "referência de interpretante". O "aspecto de substância" do sinal, do objeto-evento, adquire a função da "materialidade de signo", torna-se "meio".

A "referência de objeto" do signo "designa" o objeto do mundo. Esta designação, segundo a classificação triádica da "referência de objeto", nos têrmos de Peirce, pode ser "simbólica", "indicial" e "icônica". Se compreendermos a designação como "nome", tratar-se-á, portanto, de nomes "simbólicos", "indiciais" e "icônicos"; se a compreendermos como "percepção" ou como "conhecimento", deveremos falar de percepção ou conhecimento "simbólico", "indicial" e "icônico". Isto quer dizer que há um ser-dado [*Gegebenheit*], ou *identificação*, "simbólico", "indicial" e "icônico" do objeto do mundo ou dos objetos do mundo.

Se agora pensarmos que essa identificação representa o genuíno ato da comunicação entre os sub-repertórios do expedidor e do receptor, parece necessário explicar os próprios signos e, além disso, cada um de seus componentes (referência de objeto, referência de interpretante) e os aspectos mais sutis dêstes (símbolo, índice e ícone ou argumento, dicente e rema) por meio da relação dos sub-repertórios, em que consiste o esquema efetivo da comunicação ou da identificação.

Como os repertórios são constituídos de conjuntos de sinais, a relação entre êles (a comunicação ou a identificação) pode ser definida em têrmos da álgebra de conjuntos. Os diagramas de Venn* abaixo reproduzem o esquema, fornecido pela álgebra de conjuntos, da identificação comunicativa por meio dos repertórios do expedidor e do receptor:

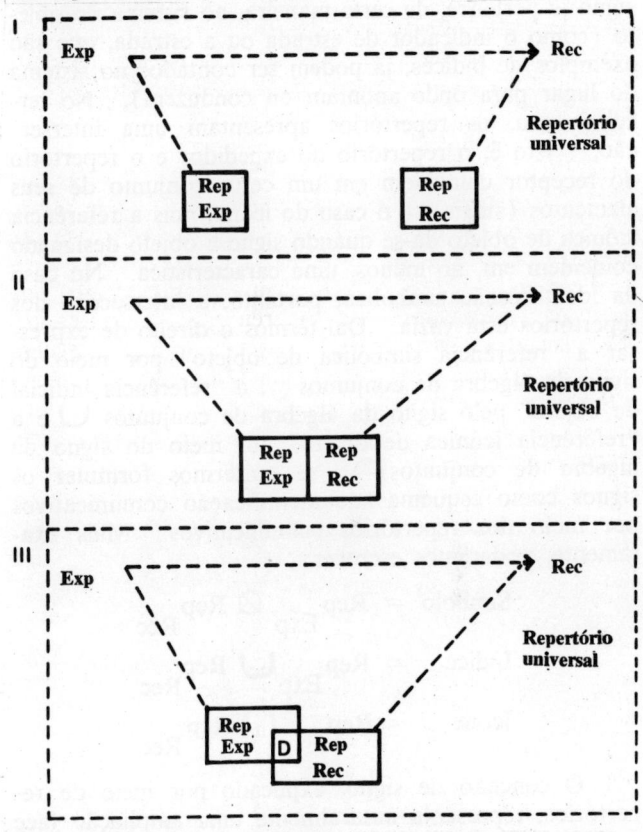

I

Exp → Rec

Repertório universal

Rep Exp   Rep Rec

II

Exp → Rec

Repertório universal

Rep Exp | Rep Rec

III

Exp → Rec

Repertório universal

Rep Exp | D | Rep Rec

* *N. de G. K. G.*: Diagrama de Venn, maneira pictográfica de ilustrar as relações entre conjuntos e as operações com conjuntos. O universo é representado pela região interna de alguma figura geométrica plana (por exemplo, um retângulo) e os subconjuntos do universo por regiões menores dentro do retângulo. Ex.:

U ⊃ A   A subconjunto contido no conjunto-universo U

Pode-se observar de pronto que, em têrmos de álgebra de conjuntos, trata-se no primeiro caso de dois repertórios que se excluem, de dois repertórios entre os quais só é possível uma coordenação simbólica (univocamente reversível), que corresponde à referência simbólica de objeto. No seguinte caso, trata-se de uma união, em têrmos de álgebra de conjuntos, dos repertórios, por meio da qual é expressa a referência indicial de objeto, pois dita referência é explicada como relação causal entre signo e objeto, e isto no sentido de que o signo já pertence, de certa maneira, ao sistema do objeto (como o indicador de estrada ou a estrada, que são exemplos de índices, já podem ser contados no sistema do lugar para onde apontam ou conduzem). No terceiro caso, os repertórios apresentam uma intersecção,** isto é, o repertório do expedidor e o repertório do receptor coincidem em um certo conjunto de seus elementos (sinais); é o caso do ícone, pois a referência icônica de objeto dá-se quando signo e objeto designado coincidem em, ao menos, uma característica. No caso da identificação simbólica, portanto, a intersecção dos repertórios está vazia. Daí têrmos o direito de expressar a "referência simbólica de objeto" por meio do signo da álgebra de conjuntos $\emptyset$, a "referência indicial de objeto" pelo signo da álgebra de conjuntos $\cup$ e a "referência icônica de objeto" por meio do signo da álgebra de conjuntos $\cap$, se quisermos formular os signos como esquemas de identificação comunicativos por meio dos repertórios comunicativos. Mais exatamente, poderemos escrever:

$$\text{Símbolo} = \text{Rep}_{Exp} \emptyset \text{Rep}_{Rec}$$

$$\text{Índice} = \text{Rep}_{Exp} \cup \text{Rep}_{Rec}$$

$$\text{Ícone} = \text{Rep}_{Exp} \cap \text{Rep}_{Rec}$$

O conceito de signo, explicado por meio de repertórios, representa naturalmente uma ampliação face ao conceito triádico de signo, de Peirce. Falamos do conceito *estrutural* de signo, o qual, por um lado, mostra a dependência do signo para com o esquema de comunicação e, por outro, sua dependência dos re-

** N. do O.: Int, no diagrama III.

pertórios, que, nesse esquema, devem ser coordenados com o expedidor e o receptor.

Com a caracterização, através da álgebra de conjuntos, da "referência triádica de objeto" do esquema de signos, o qual, em nosso contexto, funciona como esquema de comunicação tornado configurativo (estático), introduzimos um conceito *estrutural* de signo para um mundo de objetos dependente de repertório.

Agora é necessário caracterizar estruturalmente, de igual modo, a "relação triádica de interpretante" (receptor).

Para tanto, recordemos, em primeiro lugar, que a referência semiótica de objeto exerce a função de designação [*Bezeichnung*], dá portanto nomes, enquanto que a referência semiótica de interpretante exerce a função de significação [*Bedeutung*], isto é, majora [*superisiert*] os nomes em "conexos" ou "contextos". Uma vez que extraímos o conceito de signo do conceito de sinal, como sinal "morto", e que é possível interpretar sinais como "eventos", no sentido da teoria dos eventos (estática), vamos também formular, em têrmos da teoria dos eventos, o vínculo entre a referência semiótica de objeto e a referência semiótica de interpretante.

A referência de objeto do signo introduz o mundo (expeditorial, *expedientell*) como "eventos elementares", aos quais corresponde, na referência de interpretante, o mundo (receptorial, *perzipientell*) como conjunto dos "eventos acidentais" por meio do conjunto dêsses "eventos elementares", isto é, portanto, como conjunto dos subconjuntos dos "eventos elementares". Associamos, no caso, às referências semióticas de objeto:

$$\text{Símbolo} = \text{Rep}_{\text{Exp}} \varnothing \text{Rep}_{\text{Rec}}$$
$$\text{Índice} = \text{Rep}_{\text{Exp}} \cup \text{Rep}_{\text{Rec}}$$
$$\text{Ícone} = \text{Rep}_{\text{Exp}} \cap \text{Rep}_{\text{Rec}}$$

consideradas como "eventos elementares", formuladas conforme a álgebra dos conjuntos e, assim, repertorialmente determinadas, conexos majorados dentre o conjunto de seus subconjuntos, conexos êstes considerados como "eventos acidentais", mediante a distinção, que fazemos, agora, entre conexos "completos" (argumentos), conexos "fechados" (dicentes) e conexos "abertos" (remas).

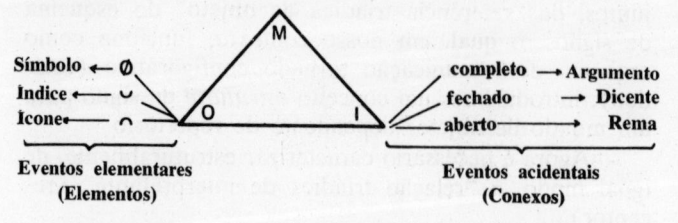

```
Símbolo ← ∅              M              completo → Argumento
Índice  ← ∪                              fechado  → Dicente
Ícone   ← ∩    O            I            aberto   → Rema
```

Eventos elementares (Elementos) — Eventos acidentais (Conexos)

A conexão numérica entre os "eventos elementares" e os "eventos acidentais" é dada pela relação:

$$2^n = \text{eventos acidentais},$$

onde n é o conjunto dos "eventos elementares", sendo que o conjunto "vazio" e o conjunto "completo" estão incluídos nos "eventos acidentais" (conexos).

Assim, a três "eventos elementares" e_1, e_2 e_3 (ou seja, a três sinais formulados como símbolo, índice ou ícone) pertencem $2^3 = 8$ "eventos acidentais" ou conexos, determináveis como subconjuntos do conjunto dos "eventos elementares":

(e_1), (e_2), (e_3)
(e_1, e_2), (e_1, e_3), (e_2, e_3)
(e_1, e_2, e_3), como subconjunto completo, e
(   ), como subconjunto vazio.

O subconjunto "completo", isto é, o conexo "completo", ou seja, o *argumento,* compõe-se da reunião dos 2^n subconjuntos.

Os subconjuntos "fechados", isto é, os conexos *dicentes,* são todos os conexos, tomados um a um e "reunidos", que pertencem ao subconjunto. Os subconjuntos "abertos", ou seja, os subconjuntos *remáticos,* são os "eventos elementares" tomados um a um, interpretados como subconjuntos do conjunto dos "eventos elementares".*

---

* *N. do O.* e de *G. K. G.*: O *rema* é uma função proposicional (enunciado aberto), enquanto o *dicente* é uma proposição (enunciado fechado) e o *argumento* é um juízo completo, uma totalidade, um universo. Assim, o *rema* é, em princípio, interpretável como um conjunto (conexo) de um só elemento (signo). O *dicente,* em princípio, como um conexo (subconjunto dos 2^n subconjuntos) que não seja de um só elemento. O *argumento,* como a reunião dos 2^n subconjuntos formados com os *n* eventos elementares (conexo "completo"), podendo ser visto, também, como um conjunto-universo. Cf. Bense, *Semiotik,* cit., p. 70; *Aesthetica,* Agis-Verlag, 1965, p. 306; E. Walther, "Abriss", cit., pp. 6-9.

Conceito de Informação

Cumpre acrescentar, agora, a concepção teórico--informativa do conceito de conhecimento.

Por informação é preciso compreender, aqui, a remoção geral [*allgemeine Beseitigung*] de um desconhecimento e a remoção de um desconhecimento deve ser valorizada como conhecimento. Desconhecimento e remoção de desconhecimento valem dentro de um repertório de casos, eventos, estados e coisas parecidas. Na medida em que os referimos a repertórios, trata-se de fatos estatísticos. O desconhecimento e a remoção dêste, ou informação, podem, portanto, ser definidos estatisticamente, como sucede na teoria da informação.

Se distinguirmos, agora, entre conhecimento (vale dizer, processos de conhecimento ou de identificação epistemológica) simbólico (teórico), indicial (causal--empírico) e icônico (do tipo evidencial, figurativo, intuitivo), surge a pergunta de como esta divisão irá corresponder às formas da *informação*.

Para respondê-la, torna-se necessário recorrermos à divisão da informação que MacKay deu em sua obra.* Aí se faz aguda diferença entre *informação métrica, estrutural e seletiva*.

A *informação métrica* é determinada pelo número de elementos não-diferenciáveis (no sentido de "unidades da experiência", que são dadas de modo causal, empírico e, portanto, indicial), os quais constituem o esquema de identificação. "A unidade da informação métrica, um métron, é aquilo que um elemento acresce ao esquema. Por conseguinte, em um esquema, a soma de informações métricas mede o pêso da experiência a ela equivalente. A informação métrica dá, a um esquema, o seu pêso, a sua espessura, a matéria de que é formada a estrutura. Em uma representação científica, pode-se considerar cada unidade métrica em ligação com um evento elementar da seqüência de eventos físicos que o esquema representa. Por conseguinte, pode-se conceber a soma de informações métricas... como o número de eventos elementares reunidos em uma unidade..." (MacKay) Assim, a informação métrica é claramente coordenada com o

* N. do A.: MacKay, *Nomenclature of Information Theory*, 1950.

esquema de conhecimento indicial (com a observação, com o signo cuja referência de objeto consiste em ter uma vinculação causal com aquilo que designa, com o repertório de comunicação do conjunto-de-reunião).

A *informação estrutural* não mais lida, segundo MacKay, com o número de elementos de um esquema, porém com a possibilidade de diferenciá-los, de congregá-los em grupos e classes. Retículas, relógios oferecem a possibilidade de assim classificar os eventos, dando portanto informação estrutural, edificada sôbre o esquema das marcas concordantes, logo da identificação icônica. "A unidade da informação estrutural, um lógon, é aquilo que um grupo nôvo, diferenciável, permite definir para uma representação."

No tocante à *informação seletiva,* ela corresponde ao que chamamos forma simbólica de conhecimento (teórico-abstrata), construída à base de símbolos, como são introduzidos no esquema triádico de signos, enquanto é apenas um "índice numérico da complexidade do processo de construção" de uma representação (semiótica). A informação seletiva não está relacionada, portanto, à própria representação, mas à sua produção, ou seja, ao número de passos ou decisões que levam a ela. (Com isso, precisamente, relaciona-se por certo o fato semiótico de os conexos, que aparecem na referência de interpretante da referência simbólica de objeto, serem argumentos, sistemas de dedução [*Ableitungssysteme*] com caráter de completude.) "Neste sentido, uma medida usual do conteúdo da informação é o logaritmo negativo de base 2, da probabilidade original da representação correspondente. Foi escolhida a base 2, porque uma seleção de um conjunto de n possibilidades" (por exemplo, transpor um desconhecimento, em um repertório de casos eqüiprováveis, para um conhecimento) "pode ser realizada de maneira mais econômica, subdividindo-se o todo, sucessivamente, em meios, quartos, oitavos etc., até que o elemento procurado seja identificado. O número de passos (decisões) nesse processo é então o número que corresponde ao Log_2. A probabilidade original mede o número de partes dos elementos da assembléia, que são do tipo exigido... A unidade da informação seletiva, um número binário, ou *bit*,* é aquilo que uma escolha única entre alternativas eqüiprováveis determina." (MacKay) Para resumir mais uma vez: pode-se interpretar o conhecimento indicial (observação causal--empírica) como métrico, o conhecimento icônico (representação figurativa, intuitiva) como estrutural e o conhecimento simbólico (temática de dedução axiomática, abstrata) como informação seletiva. A transposição da construção semiótica de conceito para a epistemológica fica, assim, completada por meio da transposição da concepção teórico-cognitiva para a teórico-informativa.

Temática do Ser e do Signo

Finalizando, parecem necessárias ainda algumas observações sôbre a temática do ser, ou seja, o lado ontológico de nossa teoria do conhecimento e do signo. Neste sentido, importam principalmente três problemas: 1. O problema da concepção ontológica do próprio signo; 2. O problema se, e até que ponto, na referência de objeto e na de interpretante, o signo é refletido sôbre a mesma temática do ser; 3. O problema da "potência ontológica".**

De início, não há dificuldade em diferenciar entre a primeira e a segunda temática do ser, ou primária e secundária. Nos signos, referimo-nos ao ser existente [*Seiendes*, o que existe, o existente, o ente]; neste sentido, seria possível distinguir entre a primeira temática do ser (do "existente") e a segunda temática do ser (do "signo"). O "existente", no sentido aqui compreendido, tem "ser" independente; mas o signo, que se refere ao "existente" (mundo, objetos), não tem, correspondentemente, "ser" independente.

No entanto, nossa concepção de signo, que se fundamenta em determinação precedente, no âmbito do esquema de comunicações, foi derivada do conceito de sinal, um substrato material. Explicamos estrutural-

---

* N. de G. K. G.: *Bit*, contração de Binary Digit (dígito binário), é o logaritmo na base 2 do número de elementos distintos de um conjunto de elementos distinguíveis. Ex.: o número de elementos distintos no caso do conjunto dos sexos é 2. Esta *variedade* de sexos é medida em *bit*, e no caso do exemplo ela é de 1 *bit*, pois $\log_2 2 = 1$.

** N. do O.: *Maechtigkeit* no sentido tanto de "potência", como de "largura", "amplitude", segundo elucida Elisabeth Walther.

mente a relação triádica de signo, como Peirce a introduziu, e com isso fizemos não apenas teoria relacional, mas também teoria *material* do signo. Isto modifica o pressuposto ontológico. A relação estrutural de signo será determinada, em tôdas as suas referências, pelo relacionamento de dois repertórios de sinais, concebíveis como repertórios separados, unidos ou interseccionados. Mediante essa concepção estrutural, em têrmos de teoria do repertório e de teoria do sinal, o signo permanece um produto material e, enquanto relação, é compreensível como uma "propriedade das coisas".

Gostaria de observar que a definição dada à relação, "materialmente" entendida, é parte integrante de uma teoria ontológica, que A. I. Ujomov criou em 1963, desenvolvendo certos pressupostos dialéticos e materialistas, numa polêmica crítica com o "reísmo" nominalista de Kotarbinski e a ontologia formal elaborada por Lesniewski, para "coisas, propriedades e relações". Enquanto o "reísmo" de Kotarbinski culmina na tese de que cada objeto é uma "coisa" e que, portanto, conceitos como "propriedade" ou "relação" são inadmissíveis, os raciocínios de Ujomov levam às seguintes definições dos pares "duais" de conceitos "coisa" e "propriedade", de um lado, e "propriedade" e "relação", de outro: "1. A coisa é uma relação de propriedades; 2. A propriedade é uma relação de coisas; 3. A relação é uma propriedade das coisas".

No sentido dessa ontologia "material", a relação triádica de signo, da semiótica de Peirce, é redutível a uma concepção de signo "material".

Segundo (1), o signo é uma coisa como relação de propriedades, a saber, das propriedades de ser meio, de ser uma designação (nome) e de ter um significado (contexto). As três propriedades são, por sua vez, (segundo 2), relações de coisas; o meio é uma relação de elementos físicos [*physikalischer Elemente*], a designação é uma relação entre o objeto *dado* e o *artificial* (por exemplo, entre a freqüência perceptível de côr "vermelho" e a seqüência de sons "v,e,r,m,e,l,h,o") e o significado é um conexo dessas designações, disposto espácio-temporalmente.

Ao lado, porém, dessa concepção *ontológico-material* do signo, é de interêsse também a sua definição *ontológico-formal*.

Enquanto pudermos, na relação triádica de signo, entender a referência de objeto como designação (ou nome) e a referência de interpretante (ou significado), no sentido de um contexto da designação, ou seja, do nome, a "ontologia do nome" de Lesniewski se oferece para o esclarecimento ontológico.

Vamos introduzir agora, em nossa relação triádica, a referência de objeto da designação como "função de nome" e a referência de interpretante da significação como "função de contexto". Lejewski, que apresentou na revista *Ratio* (Frankfurt-sôbre-o-Meno), 1957, uma clara e ampliadora exposição da ontologia de Lesniewski, embora concorde que se deva descrevê-la como uma "teoria daquilo que existe", admite também que as expressões características da mencionada teoria pertencem às categorias semânticas dos nomes. Lejewski tentou então, em uma "tábua ontológica" especial, desenvolvida a partir dos conhecidos diagramas de Euler,* classificar "nomes" e "pares de nomes" de maneira lógico-predicativa e ontológico-predicativa (portanto, por meio do esquema "*a est b*", em que *a* e *b* são nomes e cuja expressão diz que *a* designa o mesmo objeto que *b*).

Na redução estrutural, tornamos compreensível o ícone como o esquema identificador da intersecção de dois repertórios e o índice como o esquema identificador da reunião de dois repertórios. Se interpretarmos agora os repertórios dos canais de comunicação, isto é, o do expedidor e o do receptor, como repertórios de nomes, poderemos falar de uma relação icônica e outra indicial entre êsses repertórios comunicativos, em suma: entre uma comunicação ou compreensão icônica e outra indicial. Ícone e índice atuam como esquemas de função para relações comunicativas entre os repertórios de nomes, ou seja, como esquemas de função para pares de nomes. Existem, por conseguinte, pares de nomes icônicos e indiciais, que no processo comunicativo convertem a compreensão semiótica ou lingüística em compreensão ontológica (evidentemente, no sentido nominalista de entidades concretas, não abstratas).

---

* *N. do O.*: Léonard Euler, matemático suíço (1707-1783). Os diagramas de Euler são representações pictográficas das relações entre os têrmos numa proposição de tipo sujeito-predicado.

No processo lingüístico interno de vinculação de dois nomes para um enunciado predicativo (*a est b*), ao qual se referem a ontologia de Lesniewski e a sua teoria dos pares de nomes, é preciso também distinguir entre pares de nomes e enunciados predicativos icônicos e indiciais. Do ponto de vista semiótico, predicados como "... é vermelho", "(... é *b*)", classificam-se como ícones e há que falar da estrutura predicativa icônica do enunciado; pois, quando se diz "Esta rosa é vermelha", isto significa que a "rosa" tem ao menos uma marca comum com o conjunto das coisas "vermelhas". Contudo, é possível distinguir dessa espécie de enunciados predicativos uma outra espécie, por exemplo: "B segue A". Tal enunciado refere-se a uma vinculação entre A e B, portanto à vinculação de dois nomes, aludindo não à inclusão icônica, mas à associação indicial, semelhante à associação existente entre a placa indicativa, o caminho e o lugar, e que é de natureza indicial.*

Ademais, deve-se estender a questão da temática do ser à relação entre a referência de objeto e a referência de interpretante. Se mantivermos nossa divisão inicial e provisória, de primeira e segunda temática do ser, falando porém, já que isso é terminològicamente mais corrente, em entidades ou sistemas de língua nominalistas e platônicas,** surgirá então a pergunta, se a referência de objeto do signo (ícone, índice e símbolo) reflete sôbre a mesma temática do ser como a referência de interpretante (rema, dicente e argumento).

A pergunta é formulável, porque a referência de objeto do signo (ou seja, símbolo, índice e ícone), entendida como função de nome, como nome para nomes separados, unidos ou interseccionados de objetos imediatos, refere-se a dados (reísticos) concretos, enquanto que, no caso dos "significados" na referên-

---

* *N. do O.*: Como já foi visto, o ícone, em têrmos de álgebra de conjuntos, pode ser representado por uma *intersecção* e o índice por uma *reunião*.

** *N. do O.*: Para os *nominalistas,* só existem entidades individuais ou "entidades concretas"; os universais não são entidades existentes, mas tão-sòmente nomes na linguagem (têrmos ou vocábulos mediante os quais se designam coleções de indivíduos). Para os *realistas* (realismo de raiz platônica) os universais ou "entidades abstratas" existem realmente, sua existência é prévia à das coisas. Não confundir *realismo* (platônico) com *reísmo* (mereológico); êste último se enquadra no *nominalismo,* conforme o texto elucida.

cia de interpretante, se trata de conexos (contextos) majorados das designações, de "reduplicações" de representações.

Admitamos que, na referência de objeto do signo, três indivíduos elementares *a, b* e *c* (por exemplo, fogo, pássaro, sombra) sejam diferenciados nominalmente por símbolo, índice ou ícone. Para um nominalista da ontologia *mereológica* * de Lesniewski, na qual existem *apenas indivíduos e complexos montáveis a partir dêsses indivíduos como partes em um todo*, haverá portanto apenas a possibilidade de reconhecimento de um ser concreto para *ab, bc, ac* e *abc*. Essas combinações são também as entiddades concebíveis, ou seja, os conexos majorados a partir de *a, b* e *c*, que podem aparecer na referencia de interpretante.

É sabido que, se *a, b* e *c* forem entendidos como eventos elementares, os conjuntos parciais *a, b, c, ab, bc, ac* e *abc*, daí deriváveis, serão designados como eventos acidentais sôbre os eventos elementares. **

Do ponto de vista do ontólogo mereológico, a referência de objeto e a referência de interpretante do signo estão como a representação dos eventos elementares para as suas réplicas nos conexos formados mereològicamente. Só os conexos constituídos mereològicamente são, para o ontólogo de orientação reísta e nominalista, ainda valorizáveis como entidades concretas, nomeadamente como entidades concretas compostas e de maneira alguma como entidades *novas,* independentes e verificáveis, que possam ir além do ser essencial, do *content* dos indivíduos elementares na referência de objeto. Ontològicamente, a relação entre a referência semiótica de objeto e a referência semiótica de interpretante só tem primàriamente sentido, quando determinada de maneira mereológica e não platônica (na acepção de contínuas formações de classes de novas entidades).

* *N. de G. K. G.*: *Mereologia,* ramo da metafísica que estuda certas propriedades gerais existentes na relação entre o todo e as suas partes. Êste estudo permite um tratamento matemático.
** *N. do O.*: Lembrar que êste mesmo tópico foi tratado em têrmos de álgebra de conjuntos, cf. pp. 77-78.

4. Identificação física, semiótica e estética do mundo

Conhecer e Identificar

O conhecer repousa na intervenção de sêres inteligentes no mundo o qual deve ser identificado para torná-los conscientes. Só o que é identificado pode ser também determinado e fixado. Isto vale tanto para a "ciência" quanto para a "arte", através das quais o "mundo" é identificado como a suma totalizadora [*Inbegriff*] do real, como "dado" ou como "feito". A identificação do mundo como algo dado processa-se sob o esquema "causal"; a identificação do mundo como algo feito dá-se sob o esquema "criativo". Cumpre explicar isto mais de perto, por ser decisivo para a definição do papel e das possibilidades da arte no mundo. Em geral, identificamos tudo o que é, — portanto o mundo, — física, semântica ou estèticamente. Daí falarmos da identificação física [*physikalisch*: no sentido da física], semântica ou estética do mundo, que pode ser realizada tanto de maneira semiótica como numérica, portanto em classes de signos e valores numéricos, e relacionarmos êstes tipos de identificação com "estados" físicos, semânticos e estéticos. Os estados físicos (dados) são fortemente determinados, os estados semânticos (significados) são convencionalmente determinados e os estados estéticos (feitos) são fracamente determinados.

Esta é, sem dúvida, uma classificação inicial e muito vaga, passível, todavia, de ser precisada. Primeiramente, pode-se perguntar de que maneira cada um dos três estados identificados, o físico, o semântico e o estético, adquire sua realidade, isto é, que esquema fundamenta a realização, a identificação, ou seja, a fixação. Um esquema de realização é um esquema do dado. É fácil reconhecer-se que o físico se apresenta de forma mais "imediata" e "plena" do que o semântico, e que êste, por seu turno, de forma mais "imediata" e "plena" do que o estético.

Dizemos que o estado físico se apresenta de maneira causal, o semântico de maneira comunicativa e o estético de maneira criativa. O que é dado de modo causal, é "dado" no verdadeiro sentido; o que é "feito", é dado de modo criativo. O esquema causal de realização realiza através de "elementos" materiais; o esquema comunicativo de realização, através de "códigos" convencionais; o esquema criativo, através de "portadores" selecionados. Ontològicamente falando, os elementos descrevem um "ser-por-si" [*Selbstsein*], os códigos um "ser-outro" [*Anderssein*] e os portadores um "ser-com" [*Mitsein*] ("realidade própria", "realidade externa" e "correalidade"). Cabe acrescentar que elementos, códigos e portadores formam um sistema de constituição do real, no qual cada categoria subseqüente pressupõe a anterior, de forma que possa assim ser introduzida entre causalidade e criatividade uma gradação da realidade identificável e fixável.

Ordem e Determinação

Temos agora de nos referir a um princípio que, embora orientado no sentido da teoria do conhecimento, exerce igualmente um papel estético. Foi formulado pela primeira vez, nesta dupla relevância, por Paul Mongré, pseudônimo sob o qual se oculta, como filósofo, o grande matemático Felix Hausdorff, um dos fundadores da teoria dos conjuntos e da topologia atuais; encontra-se em sua obra da juventude *Das Chaos in kosmischer Auslese* (O Caos em escolha cósmica), que apareceu em 1898. Segundo as reflexões contidas nessa obra, só aquilo que é suficientemente determinado pode ser reconhecido e, por conseguinte, identificado e fixado. Aquilo que se apresenta de todo indeterminado, como talvez um "caos", não poderá ser identificado e fixado: terá que ser, de certo modo, primeiro transposto a um estado ainda que fracamente determinado, para tornar-se identificável.

Estados que, de uma ou de outra maneira, são determinados, e portanto identificáveis e fixáveis, podem também denominar-se "ordens". Só cabe falar de ordens quando existe uma determinação, ainda que mínima, de elementos, no sentido de um estado de "ordem". O que vem a ser determinado, são menos essências não-materiais do que ordenações materiais de elementos, e é claro que neste caso determinações fracas serão distinguíveis das fortes, e graus inferiores de ordem, dos graus superiores. Também seria possível falar em ordens simples e compostas. Cumpre, portanto, tratar, respectivamente, de estados fracamente determinados e estados fortemente determinados. "Estados físicos", sejam êles sistemas de planetas, estruturas de cristais, soluções, círculos de vibração, são fortemente determinados; mas "estados estéticos", como por exemplo a distribuição de côres em um quadro de Ticiano, a seqüência de palavras em um texto poético ou o sistema de notas em uma sonata de Beethoven, são determinados de maneira relativamente fraca. Numa primeira aproximação, pode-se dizer que os estados físicos são *determinados de forma geral* (segundo as leis da natureza), mas os estados estéticos o são *de forma singular* (individual).

Entre êsses casos extremos de determinação forte (geral) e fraca (singular) é possível conceber, ainda, um terceiro caso de determinação mediana (ou particular), que concerne às significações fixadas pela língua, portanto às determinações convencionais de "estados semânticos" de materiais lingüísticos. Na realidade, as línguas são produtos históricos e, por conseguinte, formações acidentais, ainda que desenvolvam sistemas de regras gramaticais para vocabulários não--algébricos.

Sob a impressão de uma tal graduação da determinação, poderiam ser desenvolvidos estados estéticos como estados "antifísicos". O processo artístico, ao qual importa a elaboração de estados estéticos, introduz no entanto, na maioria das vêzes, seus estados fracamente determinados do estético por meio dos estados convencionalmente determinados do semântico. A dialética entre estados físicos e estéticos só se torna visível em raros objetos artísticos, pois o estado "semântico" de determinação convencional acarreta uma compensação niveladora [*ausgleicht*]. Constitui, porém, traço característico da moderna produção artística reprimir a mediação semântica e fixar o estético como antagônico ao físico. Cabe lembrar o famoso primeiro quadro abstrato de Kandinsky ou os resultados mais recentes da técnica de composição estocástico-eletrônica.

Quanto às "ordens" que decorrem das "determinações", deveremos diferenciar, pois, ordens determinadas fortemente (de maneira geral ou segundo lei), medianamente (de maneira particular ou convencional) ou fracamente (de maneira singular ou seletiva), as quais fixam estados "físicos", "semânticos" e "estéticos". Isto significa que "dados" cosmológicos (coisas e eventos, materiais assim como inteligíveis) são identificáveis apenas física, semântica ou estèticamente. Em conformidade com isso, o tema de uma estética é, naturalmente, determinado pela teoria e pelo método de identificações estéticas, ou seja, pelo tema da identificação de estados estéticos.

5. Estados estéticos

A Criatividade Relativa

Os "estados estéticos", vistos sob o ângulo cosmológico e da teoria do conhecimento, são fracamente determinados, e isto em relação aos estados físicos ou semânticos. No entanto, requerem igualmente "elementos", "códigos" e "portadores" para a sua realização; isto significa que, para a sua realidade material, — e só por meio desta são êles fixáveis e verificáveis, — consomem também, necessàriamente, estados físicos e possìvelmente semânticos. Em todo objeto artístico, a produção de um estado estético singular ocorre em oposição ao pré-dado [*Vorgegebenheit*] do estado físico geral dos elementos materiais do portador. Em todo processo produtor de arte é dado prèviamente um "repertório" fìsicamente determinado de elementos materiais (como côres, fonemas, silabas, sons e outros tantos meios como êsses), o qual é *seletivamente* trans-realizado [*umrealisiert*] através de um código de determinação semântica, apto à comunicação, em um portador de estados estéticos. "Criativo" significa aqui tanto quanto "nôvo", "inovador", "original", e êste conceito corresponde ao conceito de "seletivo", no sentido de os momentos *criativos* de um estado só serem atingíveis por meio de processos *seletivos*. Com isto naturalmente fica também manifesto que a "criatividade", o "originário", o "inovador", em suma, o "gerativo", é *dependente de rèpertório,* devendo portanto ser visto e entendido de modo relativo, e êste conceito relativo de criação [*Schoepfungsbegriff*] é, por princípio, um conceito não-metafísico.

Em contraposição ao *esquema de comunicação,* regido pela função da transmissão de sinais (signos, informações) entre um expedidor (emissor) e um receptor (destinatário) através de um repertório mais ou menos comum de signos, o *esquema da criação* introduz o *observador externo* (o artista criativo) como *princípio seletor,* o qual executa a transmissão, no sentido da produção criativa da distribuição dos elementos materiais através do seu (dêle) repertório:

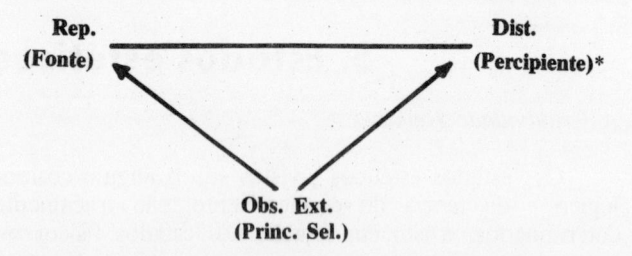

Rep.   **Dist.**
(Fonte)   **(Percipiente)***

Obs. Ext.
(Princ. Sel.)

O esquema *criativo* mais genérico, que determina tôda produção de arte, pode ser caracterizado como a passagem de um repertório para um produto:

$$\text{Rep} \longrightarrow \text{Pro}$$

---

* N. do A.: *Senke* (palavra aqui traduzida por "percipiente") é o contrário de "fonte" na teoria de informação.

Êste esquema entende, por repertório, um conjunto finito de elementos materiais, e com isso transportáveis, dados de antemão, arbitràriamente, isto é, numa repartição arbitrária, como uma espécie de "emissor" ou "fonte". O produto resulta da transmissão consciente de elementos materiais do repertório. O repertório pode ser dado como conjunto de côres diversas sôbre uma paleta ("portador 'R"); o produto aparece então como "distribuição" ou "repartição" de uma seleção (ou já de tôdas as seleções) destas côres em uma tela ("portador 'P"):

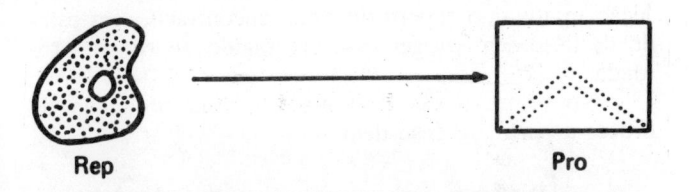

Rep → Pro

Neste relacionamento, o fenômeno *criativo* também é um fenômeno *comunicativo,* ou o processo criativo é um caso especial do processo comunicativo. Abstraindo do portador, trata-se, no esquema criativo, da passagem da *distribuição* dos elementos materiais sôbre o portador R para a *distribuição* sôbre o portador P. Em geral, nem todos os elementos materiais são transpostos de R a P. Neste caso, o processo *criativo* é um processo seletivo:

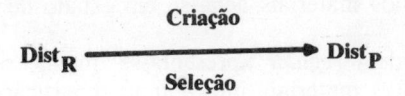

$$\text{Dist}_R \xrightarrow[\text{Seleção}]{\text{Criação}} \text{Dist}_P$$

As distribuições R e P podem agora ser entendidas como estados de uma ordem de elementos materiais. A passagem do repertório para o produto é, em qualquer caso, uma passagem da Dist_R para a Dist_P, ou seja, uma passagem da ordem-R para a ordem-P.

Desde que cada repertório (paleta, vocabulário) contém os elementos materiais (côres, sons) em dados cosmológico-físicos, ainda que, naturalmente, só de modo parcial, podemos caracterizar a ordem-R por têrmos como "distribuição eqüiprovável", "caógena" etc., para expressar o seu estado de "desordem" e "arbitrariedade". Limitar-nos-emos, no que segue, acima de tudo ao têrmo "caógeno", ou seja, "repertório caógeno", pelo qual deverá ser designado, por enquanto, o grau inferior da ordem, portanto a "desordem".

De acôrdo com o que foi dito, estados estéticos são "estados de ordem" por via de um *repertório de elementos materiais,* e objetos artísticos (ou seja, também objetos estéticos) são *portadores* de estados estéticos. Por natureza, é lícito distinguir, de início, dois estados fundamentais do repertório, a partir do qual estados estéticos são produtíveis mediante transformação ou seleção criativa: o repertório pode encontrar-se em estado de desordem caógena ou em estado de ordem pré-dada.

No primeiro caso, trata-se de uma produção de ordem a partir de desordem

$$[\text{Desordem} \longrightarrow \text{Ordem}]$$

e, no segundo, da produção de ordem a partir de ordem

$$[\text{Ordem} \longrightarrow \text{Ordem}]$$

Antes de discutirmos mais minuciosamente os dois casos, torna-se necessário caracterizar os casos extremos da ordem. Diremos que uma ordem pode ser "caógena", "regular" e "irregular".

A ordem *caógena* apresenta-se quando o conjunto de elementos materiais acha-se em estado de "mistura" máxima.

A ordem *regular* apresenta-se quando o conjunto de elementos materiais indica uma repartição "estrutural", de tal sorte que seja dada prèviamente uma sintaxe, uma lei que ordene o conjunto de elementos em um "modêlo".

A ordem *irregular* apresenta-se quando o conjunto de elementos materiais possui uma repartição "configurada" arbitràriamente e é interpretado como sistema de decisões passível de ser caracterizado como singular.

Os esquemas que correspondem a essas ordens, caracterizadas como caógena, regular e irregular, são portanto "mistura", "estrutura" e "configuração" [*Gestalt*]. Geralmente, no processo artístico, a ordem é produzida a partir da ordem; isto é, uma ordem de grau inferior é transposta para uma ordem de grau superior (ou também inversamente). Cada paleta de côres, cada vocabulário, cada conjunto de sons já trai uma certa ordem do dado.

Como exemplo paradigmal de produção de ordem a partir da desordem, pode-se considerar a "dobragem" [*Faltung*] de um pedaço de papel, se concebermos as fôlhas de papel como conjunto (emoldurado) de pontos de desordem ou mistura eqüiprovável, portanto máxima.

A dobradura pode ocorrer estruturalmente. Nesta hipótese, a ordem "caógena" foi transposta para uma ordem "estrutural". O papel estruturalmente dobrado é (no sentido topológico) homomorfo ao papel não--dobrado; isto é, o conjunto caógeno de pontos é igual ao conjunto estruturado de pontos.

Mas a dobradura também pode dar-se arbitràriamente e levar a uma "configuração", que, de um modo inteiramente ilimitado e arbitrário, pode continuar a ser "configurada". O dobramento produzido não é regular e estruturado, mas sim irregular e "configurado", e esta ordem "configurada" proveio igualmente de uma desordem "caógena", sendo também homomorfa, vale dizer, ponto a ponto igual ao papel não-dobrado.

A Semiótica de Estados Estéticos

Os três esquemas de ordem, interpretados como estados estéticos, ordem caógena (mistura), ordem regular (estrutura) e ordem irregular (configuração), são esquemas *criativos,* sempre que nêles sejam produzidos estados "inovadores", "originais" ou "novos" em relação ao repertório, e são esquemas *comunicativos,* sempre que êsses estados "inovadores" se baseiem em processos de "transformação" ou "seleção, que surgem no esquema da transmissão, da mediação. Em geral, denominamos, agora, "signos" semelhantes esquemas comunicativos ou relacionais da transmissão ou da mediação; daí ser importante caracterizar semiòticamente, pela "relação triádica de signo", os estados estéticos definidos, numa primeira abordagem, como ordens através de repertórios. Para tanto, tornaremos a partir do esquema de Peirce:

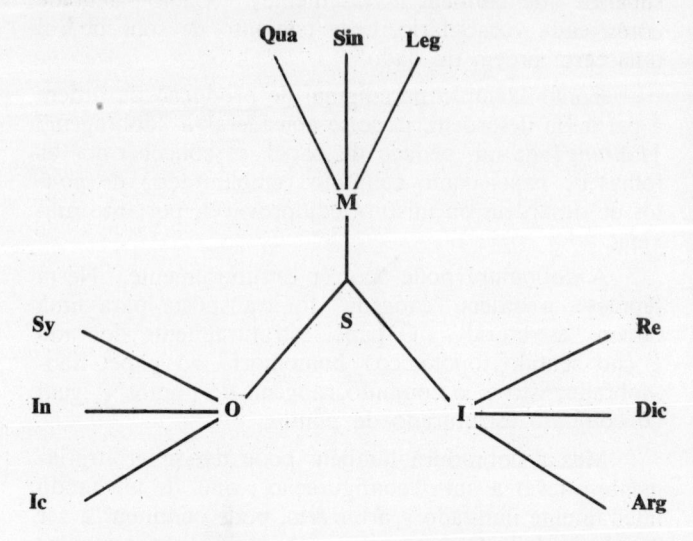

```
        Qua  Sin  Leg
          \  |  /
           \ | /
             M
             |
             |
Sy           S           Re
  \                     /
In —— O           I —— Dic
  /                     \
Ic                       Arg
```

Neste contexto, portanto, é possível interpretar os estados estéticos da ordem, no âmbito da relação triádica de signo, como "meios", como "referências de objeto" e como "interpretantes", sendo que a "sintaxe" dos signos diz respeito à sua natureza como "meios"; a "semântica", à sua "referência de objeto" e a "pragmática", à sua "interpretabilidade". É fácil perceber que as ordens, enquanto meios no sentido "qualitativo" (Qua), "singular" (Sin) ou "legal" (Leg), são úteis à complementação e identificação materiais de inovações em um repertório. Além disso, a interpretação das ordens como "referências de objeto" é, porém, do maior interêsse. Pois as ordens caracterizam estados objetivos e têm, portanto, do ponto de vista semiótico, referências de objeto. Os estados *regulares* ou *estruturais*, para começar com êles, são, no caso, evidentemente os que, ao desenvolver "modelos" ou "padrões" (ornamentos, relações analógicas) se identificam através de "características de coincidência", podendo portanto ser descritos semiòticamente como "ordens icônicas". As ordens *irregulares*, as *configurações*, ao contrário, cuja disposição configurativa dos elementos selecionados do repertório é fixável apenas passo a passo, podem ser determinadas sòmente por meio de um sistema "indicial" para êsses passos. Enquanto a "relação analógica infinita" [*unendliche Rapport*] da ordem regular, *estrutural*, é determinada por meio de um "ícone", a "configuração infinita", em princípio prolongável, da ordem *irregular* só é limitável e identificável mediante um "sistema indicial". No que concerne finalmente à ordem seletível *caógena*, sua caracterizabilidade semiótica não se pode dar nem pela regularidade estrutural de um "ícone", nem pela irregularidade configurada de um "índice", pois contradiria a eqüiprobabilidade da distribuição; para a sua identificação, ter-se-ia de obedecer a um princípio da partição, ou seja, reticulação do estado; ter-se-ia portanto de introduzir um princípio de separação ilacunar e de individuação caracterizante, o que corresponderia, no esquema triádico da designação, a simples "símbolos". Ordens são portanto signos de estados objetivos e, neste sentido, caracterizações "simbólicas", "indiciais" e "icônicas", na classificação "semântica".

A característica semiótica das ordens caógena, regular e irregular, no sentido da interpretabilidade, significa então sua classificação "pragmática" (como conseqüência do efeito "seletor de situações" dos signos), isto é, ela caracteriza "modos de comportamento" em relação àquelas ordens. Tais modos de comportamento podem ser de natureza diversa: deveremos reter sobretudo o comportamento *analógico-emocional*, o *digital-apofântico** e o *finalístico-teleológico,* em relação às ordens "icônico-estrutural" (aberta), "indicial-configurada" (fechada) e "simbólico-caógena" (total).**

Com a classificação semiótica da significação comunicativa das "ordens" fica também delineada, naturalmente, a de seu papel criativo. As ordens podem ser "inovadoras" na "referência de meio", na "referência de objeto" e na "referência de interpretante"; isto significa, pois, que estados estéticos, entendidos

* *N. do A.*: Digital-apofântico significa judicante (que diz "sim" ou "não"). *N. do O.*: Lembre-se que o índice ("referência de objeto") corresponde posicionalmente ao dicente ("referência de interpretante"), o qual é um enunciado afirmativo ou negativo. Em teoria da informação, por outro lado, dígito é o mesmo que "bit", unidade de informação representada pela alternativa "sim" ou "não". Discurso "apofântico" (Aristóteles) é o de índole atributiva (verdadeiro ou falso).

** *N. do O.*: Ver, no cap. 3, os tópicos de pp. 77-78, onde êste mesmo problema é tratado em têrmos de álgebra dos conjuntos.

como "ordens objetivadas", podem apresentar sua "inovação" de modo *simbólico* (caógeno), *indicial* (configurado) ou *icônico* (estrutural).

A Majoração

Com o esquema criativo e comunicativo, a realização estética ainda não está inteiramente determinada. Falta um ulterior e terceiro esquema assaz decisivo, que forçosamente acompanha o processo de produção artística dos estados estéticos ou ordens, a majoração [*Superisation*].

Por "majoração" deve-se entender, aqui, a formação, a conjunção de "signos individuais" em um "signo reunido" [*Gesamtzeichen*], portanto a introdução de um signo individual de ordem superior como "super-signo", o qual resume signos individuais de ordem inferior. Como modêlo de semelhante majoração, pode-se imaginar fàcilmente a passagem dos signos individuais das letras *p, a, l, a, v, r, a* para o super-signo do vocábulo "palavra". Um exemplo visual seria a passagem de duas côres separadas para seu contraste, ou a representação de um determinado "objeto" identificável a partir de um sistema de côres e formas. É claro que a majoração só é compreensível como processo semiótico, na medida em que cada signo expresse, em sua referência de interpretante, esta sua função majorante na formação do conexo, ou seja, do contexto.

"Caos", "estrutura" e "configuração", como estados de ordem estética, são "super-signos" típicos, resultantes de majoração por meio de um repertório de signos individuais, que podem levar, no processo produtor de arte, a hierarquias inteiras de majoração. O esquema de realização estética abrange, destarte, três fases: a criativa, a comunicativa e a majorante.

Exp   Rec

                Comunicação
                Criação
                Majoração

Rep   Pro

A formação da inovação, que de início parece dar-se por processos exclusivamente de tipo seletivo e transformador, prossegue, na majoração, de um modo que lhe é peculiar. Mais adiante, isto será ainda tema de discussão, quando a inovação "originária" [*originaergebende*] fôr introduzida como "informação estatística".*

Gradação e Degradação dos Signos

Na semiótica, a "realização", a "comunicação" e a "codificação" são consideradas funções primárias dos signos. Estas funções manifestam-se especialmente na teoria da recognoscibilidade e na teoria dos estados estéticos de certos objetos. Ao lado disso, não deveríamos, no entanto, deixar de considerar as funções secundárias dos signos, principalmente a "graduação", que, naturalmente, está relacionada com a "seleção" e a "abstração". Sobretudo na referência de objeto dos signos, estas funções secundárias parecem salientar-se. Tôda designação, tôda representação semiótica de um objeto, é um selecionar, um abstrair e, com isso, um graduar. "Gradação" e "degradação" semióticas referem-se portanto, principalmente, à "realização" dos objetos, sendo indiferente que esta realização seja "presentativa" (fumaça como sinal de fogo) ou "representativa" (a expressão verbal de um estado de coisas). A referência de objeto do signo deve pois ser entendida sempre como graduante, tendo-se em vista a realização semiótica, a representação do objeto. Como esta representação realizante, esta realização semiótica, pode ser icônica, indicial ou simbólica, falaremos de gradação e degradação da "iconicidade", da "indicialidade e da "simbolicidade". Em cada uma dessas referências de objeto, cabe pensar em "semiotização completa" e "incompleta", em "realização completa" e "incompleta" (presentação e representação) de objetos, ou seja, estados de coisas em signos. Mas com isto já estão nomeados casos extremos da gradação semiótica. Algo semelhante vale para o conhecido par de conceitos cartesianos, "clareza" e "obscuridade", tomado sobretudo com intuito epistemológico.

N. do O.: Ver "Consideração final sôbre a semiótica dos estados estéticos e o cap. 8, "Microestética numérica".

No que respeita, agora, à "iconicidade", ou à figuração [*Abbildung*] icônica em signo, esta pode ser orientada materialmente no sentido dos elementos constituintes, no de sua distribuição estrutural ou configurativa do objeto tematizado; pode abranger marcas distintivas, relações, forma. Pode portanto ser pura "iconicidade material", no sentido de eficácia sinalética física dos graus de intensidade. Mas pode também ser "iconicidade semantema", no sentido de intencionalidade fenomenológica e evidência de significados. Entre a congruência, a semelhança, o parentesco projetivo ou topológico e a deformação, assim como a participação mínima ou máxima, situam-se os graus da "iconicidade". Uma fotografia em prêto e branco tem, em geral, menos iconicidade do que uma correspondente fotografia em côres; um gráfico menos do que um esquema; um esquema menos do que um diagrama-equivalente de circuito; uma reprodução pontilhada de um traçado menos do que seu quadro contínuo. As etapas da representação podem apresentar-se como etapas da abstração, e a iconicidade de um ícone pode referir-se a um outro ícone, que de certa forma ∩ preceda e ser, por meio dêste, legitimada semiòticamente. Assim se desenvolvem séries de ícones degradados, de hipoícones derivados, como dizia Peirce, cuja estratificação pode, por exemplo, — no caso de uma pintura figurativa ou objetual, — aduzir esta informação estética.

De maneira parecida, se bem que mais difícil, apresentam-se as circunstâncias quanto ao índice, cujo grau de "indicialidade" é dado pela extensão das marcas distintivas de um objeto tematizado, as quais não são "figuradas" mas sim "indicadas" semiòticamente, estando, portanto, em ligação com o signo por meio de um nexo, por exemplo um nexo causal. Assim, um assobio audível em uma via férrea pode ser índice de uma locomotiva que se aproxima. Do mesmo modo, um caminho é um índice, mas evidentemente o é também um indicador de caminho. Um indicador de caminho no comêço dêste já é, porém, um índice de indicialidade mais fraca do que o próprio caminho, devendo ser designado, segundo Peirce, como hipoíndice. Também o sistema perspectívico, composto por ponto e linha de fuga, no qual uma paisagem é pintada de forma ilusionista, representa, como tal, apenas um sistema hipoindicial, que determina as relações de tamanho e colocação dos objetos da paisagem, as quais são, então, de maior indicialidade no que respeita à profundidade espacial da paisagem. Neste caso, trata-se, portanto, de um sistema hipoindicial e indicial, que determina a iconicidade da representação paisagística. As condições da "simbolicidade" de um signo, que obtém sua gradação principalmente mediante as etapas da abstração conceitual, apresentam-se de maneira algo diferente. O símbolo (conceitual) "humanidade" tem o grau superior de simbolicidade em relação ao conceito "homem", por meio do qual é mediado. Dever-se-ia falar, neste caso, antes em super-símbolo do que em hipo-símbolo. No campo visual, as côres semióticas de trânsito "vermelho", "amarelo" e "verde" são um exemplo análogo para simbolicidade graduada. O "amarelo", que medeia o "verde" ou o "vermelho", não deixa de se referir meta-indicialmente aos dois outros signos de côr, mas, justamente por causa desta dupla mediação, é de simbolicidade mais rica, razão por que pode funcionar, no sistema de trânsito, como sinal "amarelo" também independentemente. As próprias gradação e degradação de signos têm, naturalmente, caráter semiótico. Não separam situações por meio de signos, mas separam situações sígnicas, e a separabilidade das situações semióticas pertence, sem dúvida, à semiose.

Os casos individuais aqui mencionados permitem, evidentemente, falar de uma gradação, ou seja, degradação da própria "semioticidade". Peirce também já o reconhecera. Para êle, o símbolo (na referência de objeto) é, de certa forma, da mais alta semioticidade, já que só pode ser introduzido com a ajuda de um sujeito "que coloca os signos" [*zeichensetzenden Subjekts*], portanto de um interpretante e, com isto, dispõe de fato do mais elevado grau de livre criatividade. O índice, com respeito ao símbolo, é de semioticidade inferior, por ter uma "relação genuína" com o objeto designado e, por conseguinte, implicar um rebaixamento da dependência do interpretante, cuja capacidade de livre escolha diminui. Esta degeneração, como Peirce se exprime, acentua-se com o ícone, que deve sua "peculiaridade significante" apenas à "sua qualidade", recuando portanto ainda mais o interpretante e a capacidade de escolha dêste.

Devemos pois dizer, de um modo geral, que o símbolo possui o grau máximo da semioticidade, da capacidade de inovação ou informação, e que o índice e o ícone são de semioticidade decrescente, exatamente nesta seqüência. Expresso isto pela seguinte relação:

$$/\text{Sem}_{Sy} / > /\text{Sem}_{In} / > /\text{Sem}_{Ic} /$$

Se fôr estabelecido agora um critério para esta degeneração da semioticidade, pode-se partir do fato de que signos possuem não só a função de "comunicação" mas também a de "separação". Já falamos da separabilidade das situações por meio de signos.

Semioticidade decrescente significa também separabilidade decrescente. Isto é explicável com a ajuda dos esquemas topologizados para o símbolo, índice e ícone referidos ao objeto. Pois êsses esquemas expressam que a iconicidade apóia-se em características *coincidentes*; a indicialidade, em características *ligáveis*, enquanto que a simbolicidade é um ato de nomeação [*Namensgebung*] livre, independente:

Símbolo: ⠒ ⠒   Índice: ⠒|⠒   Ícone: ⠒

O esquema topológico do símbolo mostra elementos separados, o do índice elementos ligados e o do ícone elementos coincidentes, o que corresponde, portanto, a uma separação decrescente, a qual, por sua vez, expressa uma seletividade, inovação e informação também decrescentes.

O Aspecto Microestético e o Macroestético

Pode-se agora considerar um estado estético ou um produto artístico de duas maneiras: seja como uma totalidade singular realizada, cujo caráter dado [*Gegebenheit*] estrutural ou configurativo, objetivo e fenomenológico, é percebido independentemente dos passos construtivos de sua montagem; seja, em contraposição, como um supersigno constituído de signos individuais, que é, como tal, uma formação dependente de repertório e *estatística*. No primeiro caso, falamos do aspecto *macroestético* e, no segundo, do aspecto *microes-*

tético do produto artístico. O aspecto *microestético* refere o estado estético sempre ao seu repertório; o aspecto *macroestético* não, mas à distribuição como uma totalidade pronta. Podemos também falar do *aspecto de seleção* e do *aspecto de majoração* dos estados estéticos; o primeiro é de orientação microestética; o segundo, macroestética. Semiòticamente, ambos são orientados em determinadas classes de signos, mas, numèricamente, os aspectos seletivos são concebidos em têrmos estatísticos (de teoria da informação) e os aspectos majorados em têrmos geométricos (de teoria da *Gestalt*). Por certo, em cada caso, trata-se, nesses aspectos, de uma concepção *material* do objeto examinado. As assim chamadas "formas", ou seja, as descrições "formais" de uma obra artística, pertencem, sem exceção, ao aspecto macroestético da análise, enquanto os "elementos", ou seja, a descrição "gerativa", pertencem, em contrapartida, ao seu aspecto microestético.

Consideração Final sôbre a Semiótica dos Estados Estéticos

Com a análise numérica, de um lado, e a semiótica, de outro, o processo criativo constituinte dos estados estéticos é entendido como *seleção* e como *semiose*.

A seleção é geradora de inovação, a semiose, de signo. A seleção transforma o repertório (quase-caógeno) em uma distribuição (estrutural ou configurativa) de seus elementos. A semiose leva o dado [*Gegebenheit*] de tipo sinalético à sua manipulabilidade de tipo sígnico. Êste processo expressa-se pela seguinte relação:

$$\text{Sin} = f(x, y, z, t) \to S = f(M, O, I)$$

O encadeamento da seleção com a semiose, da escolha estatística com a formação semiótica de classes, no processo criativo de estados estéticos, aconselha a unir a informação (a inovação) seletiva (estatística) com sua formação semiótica (majorante) de classes sígnicas e a introduzir, com o seletivo, o conceito semiótico de informação.

Para tal objetivo, pode-se recorrer a uma explicação do conceito de "informação", que remonta a

MacKay. Segundo êsse entendimento, compreende-se por informação aquilo "que uma *representação* [*Darstellung*] altera", baseando-se, portanto, o conceito de informação no de representação. "Representação", assim, passa a ser entendida como sistema de caracterização com meios semióticos, que se refere a algo, qualquer coisa que seja, a um estado de coisas. Uma representação, simultâneamente, é, pois, meio, tem uma referência de objeto e uma referência de interpretante. Assim, uma *classe de signo* também pode funcionar perfeitamente como *classe de representação*. Alterada a representação semiótica fixada, ela passa para outra representação. A diversidade da representação de um estado de coisas original determina uma inovação, uma informação. Do ponto de vista numérico, trata-se, em cada "informação seletiva", da diferença de montantes estatísticos de duas representações fixadas semiòticamente; do ponto de vista semiótico, de uma variação ou uma gradação (ou seja, degradação) nas referências de signo [*Zeichenbezüge*] de uma classe de representação que funciona como classe de signo. Assim, um texto que, considerado semiòticamente, pertença à classe do sin-signo dicente-indicial — por exemplo, um sistema de enunciados protocolares [*Protokollsaetzen*] —, pode, em dadas circunstâncias, ser reformulado em outro texto, que pertença à classe do sin-signo remático-icônico, por exemplo, um sistema de metáforas.*
A classe de representação, no primeiro caso, expressa o estado de coisas visado, através de observações condicionadas exclusivamente por sinais designados; no segundo caso, mediante expressões que reproduzem vivências. O primeiro texto fornece acêrca do estado de coisas (isto é, na referência de objeto) mais informação seletiva do que o segundo, o qual traz informação estrutural. A informação seletiva é, sob o ângulo estatístico, determinada de maneira mais fraca do que a estrutural; as referências simbólicas de objeto possuem valores informacionais estatísticos mais elevados do que as icônicas, sendo as primeiras fixadas microestèticamente, e as segundas, macroestèticamente.

---

* *N. do O.*: Ver *N. do O.* à p. 60. Por "enunciados protocolares" entende o autor enunciados de observação empírica, tais como "choveu às 5 horas".

6. Macroestética numérica

O Quociente de Birkhoff

Para a caracterização de estados estéticos, ou seja, objetos artísticos (e nêles incluímos expressamente, além de objetos concretos, também objetos-*design*), a estética numérica, em contraposição à estética semiótica, serve-se não de *classes de signos* mas de *valores numéricos*. Baseados nas explanações até aqui efetuadas, que introduzem o estado estético como uma distribuição de elementos por meio de seu repertório, se perguntarmos de que grandezas (parâmetros) depende a avaliação numérica de um tal estado, depararemos logo com a *ordem* e a *complexidade*. A distribuição de elementos que um estado estético apresenta tem uma certa ordem, e o repertório mostra uma certa complexidade. A graduação da ordem é uma questão de complexidade do repertório. Neste sentido, portanto, o grau do estado estético, para dentro do qual é possível transferir um repertório, está na dependência do grau da ordem e do grau da complexidade. Se M fôr um número de medida do grau do estado estético, então êle dependerá dos números de medida que determinam o grau de ordem e o grau de complexidade. Portanto:

$$M_E = f(O, C)$$

O matemático americano G. D. Birkhoff, em sua *Aesthetic Measure* (1933), avaliou uma tal dependência da medida estética geral, ainda que fundamentada de outra maneira, ou seja, mais psicológica. Formulou a dependência de O (ordem) e C (complexidade) desde logo de forma mais precisa, ao estabelecer a medida *estética* através do quociente

$$M_E = O/C$$

Chamá-lo-emos, pois, doravante, *quociente de medida de Birkhoff*. É introduzido mais ou menos intuitivamente e fundamentado mais ou menos empìricamente. Mas será difícil encontrar outros parâmetros, que sejam ao mesmo tempo mais fundamentais e mais gerais, dentro do material artístico històricamente dado, abstraindo-se ainda o fato de os conceitos de ordem e complexidade já possuírem, nos escritos de teoria e história da arte, desde há muito, um cunho preestabelecido como categorias essenciais e constituintes de produtos estéticos. Ao menos, concepção estética alguma desconhece — mesmo que seja da opinião de que com isto não seriam inteiramente compreendidos o ato artístico ou a essência de uma obra de arte — que o trabalho artístico (seja êle em côres, formas, palavras ou sons, em suma tudo o que possa ser empregado de alguma maneira como signo elementar) é ordenador, e que a fôrça ordenadora da inteligência artística tem de impor-se à complexidade dos materiais usados, sofrendo assim o impacto dêstes.

De fato, não se trata, na introdução fundamental do quociente de medida de Birkhoff, de enunciar algo sôbre a essência (especulativa, metafísica) da arte. O teorema de Birkhoff é uma *relação,* que utiliza valores numéricos de ordem e de complexidade para uma graduação numérica dos estados estéticos determinados por aquêles. A menção é, portanto, de *conexões numéricas* e não de essências especulativas. Mas tais conexões numéricas referem-se a propriedades numéricas que precisam ser constatáveis no *dado material* do estado estético. Neste sentido, pois, a medida de Birkhoff para estados estéticos refere-se ao dado material dêstes, baseando-se ela, portanto, em uma *concepção material do estético.* Depreende-se que uma tal concepção material deva ser fundamental e decisiva pelo fato de cada estado estético depender de portadores materiais, de um repertório de elementos materiais (côres, formas, fonemas, sons), não podendo ser constituído e dado de outra forma. Não há obra artística que seja *apenas* pensada, *apenas* imaginada, existe apenas a arte efetivamente *realizada,* e não a irrealizada, à qual, em última análise, pudéssemos referir-nos por meio de uma medida ou de uma reflexão.

Naturalmente a estética material também reduz o estado de coisas [*Sachverhalt*] artístico, ao classificar semiòticamente e avaliar numèricamente. Tôda teoria reduz o tema ao qual se refere. Contudo, são os vislumbres reduzidos que permitem o conhecimento das bases, e justamente a fixação reduzida dos fundamentos estéticos da produção artística foi necessária para tornar cientìficamente concebível o processo todo e seu resultado.

Exemplos Elementares para a Medida Macroestética

Birkhoff concebeu o seu quociente $M_E = O/C$ em um sentido tìpicamente macroestético. A ordem O e a complexidade C decidem-se pela percepção imediata, isto é, são introduzidos valores numérico O e C, que podem ser decididos por contagem direta, empírica. Admite-se com isso que a medida macroestética encontrada significa apenas uma graduação lógica no âmbito de formações comparáveis, ou seja, com respeito à ordem e à complexidade introduzidas em produtos comparáveis.

No que segue, em primeira aproximação, entenderemos por *família estética* um conjunto (finito) de *objetos*, para os quais pode valer o mesmo *sistema* de ordem e complexidade fixadas numèricamente. Destarte, fica excluído que medidas estéticas, que por meio de O/C se verificam para polígonos, sejam comparadas, por exemplo, com as de vasos. Birkhoff utilizou, para seus primeiros cálculos, por um lado, polígonos e, por outro, vasos, que êle introduz, como dissemos, como famílias estéticas de objetos estéticos comparáveis.

Para os polígonos do seguinte tipo

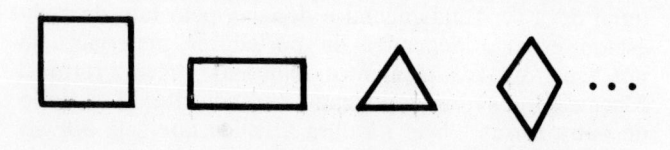

determina êle a ordem por meio de avaliações numéricas das propriedades geradoras de ordem da *simetria de eixo vertical* (V), do *equilíbrio* (E), da *simetria de rotação* (R), da inseribilidade em uma *rêde horizontal--vertical* (HV) e da *agradabilidade** (A) da figura, isto é, do fato, de uma reta que parte do centro cortar o polígono uma só vez, ou seja, de uma reta qualquer horizontal ou vertical cortar o polígono no máximo em dois pontos. Essas propriedades geradoras de ordem V, E, R, HV, A, certamente não são completas, mas são sem dúvida decisivas; além disso, são do tipo macroestético no sentido mencionado, e Birkhoff transformou, correspondentemente, sua fórmula para a medida estética da família estética dos polígonos:

$$M_E = \frac{O}{C} = \frac{V + E + R + HV - A}{C}$$

Para a avaliação numérica estabelece ainda o seguinte:

* N. do O.: Poder-se-ia traduzir *Freundlichkeit*, também, por "amabilidade", no sentido etimológico da palavra.

C = o número das diversas retas, sôbre as quais estão os lados do polígono;

V = 1, quando a simetria vertical existe, caso contrário, 0;

E = 1, quando existe equilíbrio, caso contrário, 0;

R = q/2, determinado por $\alpha = 2\pi/q$, quando a simetria de rotação é dada por $\alpha \leqslant \pi/2$, caso contrário, 0;

HV = 2, quando a figura se insere totalmente em uma rêde horizontal,

      1, quando apenas parte de seus lados se orienta horizontal ou verticalmente,

      0, em todos os outros casos;

A = 0, quando é dada uma "figura agradável", caso contrário, 2.

Com a inserção dos números valorativos de Birkhoff, resultam para as nossas figuras:

$$M_E \text{ (quadrado)} = \frac{1+1+2+2-0}{4} = 1,50$$

$$M_E \text{ (retângulo)} = \ldots = 1,25$$

$$M_E \text{ (triângulo)} = \ldots = 1,16$$

$$M_E \text{ (figura H)} = \ldots = 0,50$$

Em seu livro *Aesthetic Measure,* G. D. Birkhoff menciona os valores de 90 figuras poligonais.

A visível degradação da medida estética entre quadrado e triângulo eqüilátero é demonstrável de uma forma ainda mais simples, inserindo-se, respectivamente, para a ordem, apenas os elementos de simetria, e para a complexidade, apenas o número dos elementos geradores. Resulta então:

$$M_E \text{ (quadrado)} = \frac{OS}{C} = \frac{4}{1} = 4$$

$$M_E \text{ (retângulo)} = \frac{OS}{C} = \frac{4}{2} = 2$$

$$M_E \text{ (triângulo)} = \frac{OS}{C} = \frac{3}{1} = 3$$

Enquanto que, na ordem de Birkhoff, o triângulo eqüilátero está classificado em terceiro lugar, aparece, na ordem reduzida, em segundo. De fato, o valor numérico da medida estética depende do grau de ordem e complexidade introduzidos, e já aqui se poderia postular a possibilidade de uma diferenciação entre uma estética mais *grossa* e outra mais *fina,* como diremos mais tarde.

Cabe reconhecer ainda que a posição estética privilegiada do quadrado, que pintores como Maliévitsch, Albers e Bill admitiram intuitivamente, também resulta do cálculo racional de sua medida estética. A concepção das letras como polígonos permite, além disso, em certas condições, aplicar a medida macroestética ao *design* tipográfico.

A possibilidade de apagar a diferença entre objeto de arte e objeto *design,* com vistas à medida estética, surge sobretudo com o emprêgo do quociente de Birkhoff em "rêdes", "padrões", ou seja, "retículas" (e com isto também em "ornamentos").

Para o cálculo estético de "rêdes", "padrões", ou seja, "retículas", Birkhoff sugere, para a avaliação numérica da ordem, a grandeza:

$$O = S - R$$

Aqui S significa a soma de todos os polígonos característicos (contando-se duas vêzes os polígonos que não são quadrados ou retângulos) que participam da construção dessa rêde e R será determinado ou como zero ou como 1, conforme haja ou não, para o observador, um ponto fixo central. Por C, entende-se, no caso das rêdes, o menor número de polígonos, que geram a formação básica da rêde (o átomo de rêde). Para a medida estética das rêdes, resulta, portanto, a seguinte fórmula:

$$M_E \text{ (rêde)} = \frac{S - R}{C}$$

Como exemplo, cito o cálculo do "padrão de ladrilhos", que R. Gunzenhaeuser dá em sua dissertação:

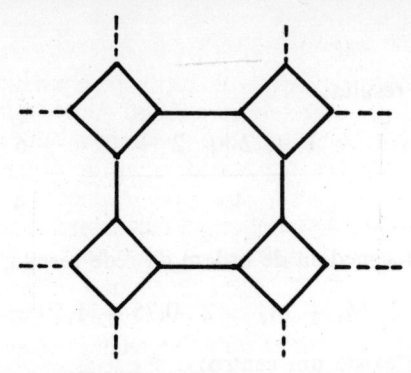

Os cinco polígonos na figura acima constituem a formação básica da rêde, portanto o menor número de polígonos elementares que participam da construção da rêde. Êste número mínimo é 5, devendo-se colocar, pois, para C, o valor 5. Para a determinação da medida de ordem da rêde, cumpre determinar as duas medidas estéticas dos polígonos elementares:

a) Medida estética M_1 do polígono octogonal:
complexidade: $C = 8$
elementos de ordem:
quanto à simetria vertical: $V = 1$
quanto ao equilíbrio: $E = 1$
quanto à simetria de rotação: $R = 4$
sem rêde horizontal-vertical: $HV = 0$
quanto à forma geral: $A = 0$
Daí resulta

$$M_1 = \frac{1 + 1 + 4 + 0 + 0}{8} = \frac{6}{8} = 0,75$$

b) medida estética M_2 do polígono quadrático:
complexidade: $C = 4$
elementos de ordem:
quanto à simetria vertical: $V = 1$
quanto ao equilíbrio: $E = 1$
quanto à simetria de rotação: $R = 2$
quanto à rêde horizontal-vertical: $HV = 2$
quanto à forma geral: $A = 0$

Daí resulta:

$$M_2 = \frac{1 + 1 + 2 + 2 + 0}{4} = \frac{6}{4} = 1,5$$

Para a medida de ordem da rêde resulta, portanto:

$$S = 2 \cdot M_1 + M_2 = 2 \cdot 0,75 + 1,50 = 3,00$$

e, porque existe um centro:

$$R = 0.$$

Com isto temos:

$$M = \frac{S - R}{C} = \frac{3,00 - 0}{5}$$

$$M = \frac{3}{5} = 0,6$$

Finalmente, em continuação à teoria estética dos polígonos, Birkhoff ainda deu uma correspondente teoria para as formas de vasos. Nela, Birkhoff reduz o vaso à figura-contôrno [*Umrissfigur*] com *pontos característicos,* que são decisivos para a complexidade da medida estética. É fácil reconhecer que a êsses pontos característicos da figura-contôrno (de vaso) pertencem os seguintes: os quatro pontos que delimitam o contôrno; pontos de contôrno com a tangente vertical ou horizontal; pontos das pontas extremas [*Spitzenpunkte*] do contôrno; pontos do contôrno nos quais a curvatura desaparece, tendo esta portanto um ponto de transição; e aquêles pontos no eixo (vertical), pelos quais passa o diâmetro horizontal (em qualquer caso, o diâmetro extremo) mais longo ou também mais curto. O número dêsses pontos característicos de uma figura (de vaso) pode valer como número da complexidade. O número da ordem depende de um número para V, a quantidade de relações simples perceptíveis em uma horizontal por meio de pontos característicos; de um número para H, o número destas relações nos comprimentos de cordas (de arcos) horizontais por meio daquêles pontos; de um número para HV, a quantidade de relações iguais em H e V, independentemente de relações já contadas e, por fim, de um número para T, pelo qual se expressam as relações entre as direções tangenciais em pontos característicos da figura-contôrno. Não levarei adiante o presente cálculo estético, limitando-me apenas a sublinhar que êle pode, naturalmente, em princípio, ser estendido a outras figuras--contôrno, como, por exemplo, traços faciais, figuras humanas etc.

Crítica e Especificação da Medida de Birkhoff

Ainda que possa parecer suficiente e, do ponto de vista empírico intuitivo, passível de fundamento, que a medida estética seja uma função da ordem e da complexidade dos elementos materiais utilizados no sentido da proporção:

$$M_E = (O,C) = O/C$$

ainda assim implica certa dificuldade a aplicabilidade da fórmula, portanto, a determinação numérica mais direta da ordem em cada um dos casos de famílias estéticas a observar. As mencionadas fórmulas ampliadas de Birkhoff para o cálculo das medidas estéticas, por exemplo para "polígonos", "rêdes" e "vasos", parecem algo arbitrárias, tanto dependentes da subjetividade quando objetivamente limitadas.

Dependentes da subjetividade, pelo fato de a escolha dos fatôres geradores de ordem, como Birkhoff os introduz, vincular-se a um conceito e a um gôsto de arte tradicionais, preestabelecidos, afigurando-se, assim, essa escolha objetivamente limitada pela casualidade. Acredito, todavia, que precisamente a casualidade objetiva, ou a arbitrariedade subjetiva da escolha dos fatôres geradores de ordem, é compensada pela limitação da aplicação a famílias estéticas possìvelmente tão estritas como as representadas por "polígonos", "vasos" ou "rêdes". De certa maneira, uma decisão prévia sôbre a ordem, dependente de um conceito de arte històricamente desenvolvido, pode, além disso, sem mais, ser considerada sempre como empírica. Uma outra dificuldade refere-se à avaliação numérica, que Birkhoff utilizou, para cada um dos fatôres de ordem, em suas fórmulas. A esta avaliação, que parece arbitrária, prende-se a crítica de S. Maser e sua sugestão da necessidade de maior especificação [*Praezisierung*].

S. Maser gostaria, por conseguinte, de objetivar de maneira muito mais conseqüente do que Birkhoff os conceitos de ordem e complexidade. Compreende, por complexidade (C), o "conjunto de meios de construção elementares" (como côres, certas formas geométricas, intensidades etc.), necessários à "construção completa" de um objeto artístico. Por ordem (O) entende a disposição (a distribuição) dêstes elementos no objeto especial, considerado; mais precisamente, um conjunto de *propriedades* (côr no sentido predicativo, simetria, dados topológicos como "aberto", "fechado") por meio das quais a distribuição, ou seja, a disposição, se torna descritível unìvocamente. O verdadeiro pressuposto dessa especificação é agora dado pelo fato de tanto a ordem quanto a complexidade poderem ser concebidas como divisíveis, no sentido quantitativo (já que ambas foram introduzidas como conjuntos), em aspectos individuais. Vale dizer, divisíveis em subconjuntos materiais de meios de construção elementares (por exemplo, no conjunto de côres, de elementos de forma, de alturas de som, de número de sílabas etc. individuais) ou subconjuntos de propriedades elementares determinantes de ordem (por exemplo, no conjunto de propriedades de simetria, contrastes de côr ou predicações lingüísticas). Será feita agora, portanto, uma diferenciação entre uma complexidade total, construída de complexidades parciais, e uma ordem total, construída de ordens parciais, e tanto a complexidade total como também a ordem total serão valores numéricos obtidos aditivamente.

Daí resultam, em primeiro lugar, as possibilidades de avaliação uniforme dos fatôres determinantes de ordem. Se uma certa propriedade determinante de ordem ocorre, pode-se colocar por isso 1, se não ocorre, 0, e se, como no caso da simetria de rotação, valores intermediários são possíveis e fazem sentido, coloca-se para êles um número entre 0 e 1. Com isto, o fato (que para Birkhoff ainda era decisivo) de uma avaliação superior, segundo o gôsto ou a tradição, de uma determinada espécie de ordem material (por exemplo, da simetria) em relação a outras, é realmente eliminado e a objetividade da avaliação numérico-estética eleva-se. Se levarmos em conta os aspectos individuais i, então a velha fórmula de Birkhoff passará a ser, segundo S. Maser, a seguinte:

$$M_{E_i} \quad O_i/C_i$$

ou seja:

$$M_{E_i} = K_i \frac{O_i}{C_i} \text{ birk}$$

na qual a constante K_i é introduzida de tal modo que, para tôdas as medidas estéticas, mensuradas por meio dos aspectos individuais, só existem valores entre 0 e 1. Desta forma, M_E recebe uma unidade, que S. Maser chama "1 Birkhoff", ou seja, "1 birk". Esta constante só depende do objeto e do aspecto; ela fornece:

$$K_i = \frac{1}{n_i}$$

onde n_i é o conjunto, isto é, a quantidade das propriedades determinantes de ordem de um certo aspecto i (por exemplo, dos elementos de simetria de um polígono). Valerá, portanto, depois da aplicação de K_i

$$M_{E_i} = \frac{O_i}{n_i C_i} \text{ birk}$$

É claro que a medida estética total de um objeto estético resulta da adição das medidas dos aspectos individuais:

$$M_E = K \sum_{i=1}^{m} M_{E_i} \text{ birk}$$

em que *m* significa a quantidade dos aspectos de complexidade considerados e K deve ser pôsto como 1/m. Como fórmula final da medida estética resulta:

$$M_E = \frac{1}{m} \sum_{i=1}^{m} \frac{\sum_{i=1}^{n_i} E_{ij}}{n_i c_i}$$

onde M_E é a *medida macroestética total;* m a quantidade dos aspectos de complexidade considerados; Eij os números de medida normados das propriedades de disposição [*Anordnung*] consideradas (sendo que o índice *i* refere-se ao respectivo aspecto de complexidade no momento dado, enquanto que o índice *j* diz respeito ao correspondente aspecto de propriedade); n_1 a quantidade das propriedades de disposição do aspecto respectivamente correspondente i; c_i a complexidade no aspecto *i*.

7. Classificação macroestética final

A especificação dos conceitos de ordem e complexidade, com o auxílio do conceito de aspecto, sob o qual êstes são vistos e determinados numèricamente, facilita a passagem da observação macroestética de estados estéticos, para a microestética. A complexidade é interpretada como conjunto de meios de construção elementares, materiais, por um lado, e a ordem como conjunto de propriedades, que permitem descrever a disposição [*Anordnung*] de elementos (daquela complexidade) de maneira cabal, isto é, unívoca. Assim é possível introduzir tanto O quanto C, respectivamente, como subconjuntos, vale dizer, como aspectos e, como foi descrito, construir aditivamente a medida estética total de um estado como soma de medidas parciais (de aspectos individuais). A macroestética grossa é, por assim falar, o aspecto típico acessível *teórico-perceptìvelmente* de um objeto artístico, enquanto que a microestética mais fina corresponde a um aspecto tìpicamente *teórico-constitucional.*

Esta diferenciação também é relevante para descrever e identificar a classificação dos já introduzidos modelos de ordem ou modelos de distribuição (caógeno, regular e irregular) por meio de um repertório (conjunto) de elementos. Dizemos também *caos, estrutura* e *Gestalt* [*configuração*] para ordens caógena, regular e irregular. * Mas parece-nos que êstes modelos de ordem ou distribuição deveriam ser, agora, diferenciados terminològicamente também quanto ao aspecto macroestético e microestético.

Os modelos de ordem caos, estrutura e configuração devem ser designados, do ponto de vista macroestético, como *mistura, simetria* e *forma,* e, do ponto de vista microestético, como *repertório, padrão* e *Gestalt*

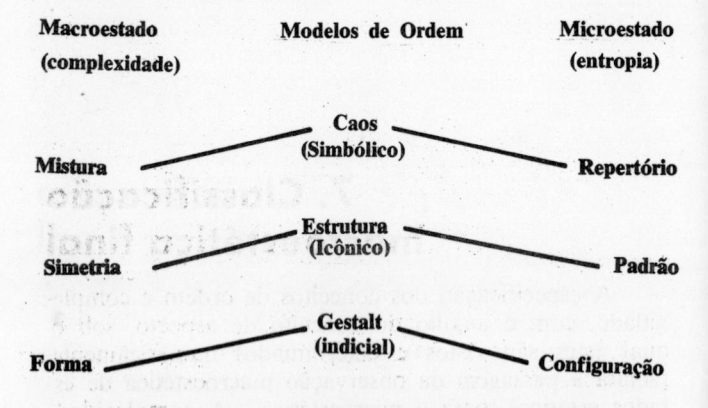

Macroestado (complexidade)	**Modelos de Ordem**	**Microestado** (entropia)
Mistura	Caos (Simbólico)	**Repertório**
Simetria	Estrutura (Icônico)	**Padrão**
Forma	Gestalt (indicial)	**Configuração**

Tanto *mistura* quanto *repertório* são têrmos que têm em mira e designam tão-sòmente o sistema dos elementos materiais como tal. Mistura concerne à não-diferenciabilidade dos elementos, ao passo que repertório responde, em essência, à selecionabilidade dêstes.

* *N. do O.*: Ver "Estados Estéticos", onde o autor usa os conceitos de *mistura* (*Mischung*), *estrutura* (*Struktur*) e *configuração* (*Gestalt*) para os mesmos esquemas de ordem.

Simetrias, do ponto de vista macroestético, são estruturas, cuja relação [*Rapport*] pode ser enumerada de modo perceptível. Vale dizer, segundo o conceito geral de H. Weyl: são "variedades dotadas de estrutura" do "grupo de automorfismos" (isto é, o "grupo daquelas transformações referentes aos elementos da variedade, que deixam inalteradas tôdas as relações estruturais"). As estruturas selecionam e ordenam microestèticamente os elementos da variedade segundo certas regras, segundo uma sintaxe portanto, e constituem assim, por definição, um conjunto de padrões, ou moldes [*Mustern*].

Finalmente *Gestalt,* no sentido do conceito que Christian von Ehrenfels elaborou e que, na acepção de *Gestaltung* [*formação, conformação*], não possui limite máximo. Do ponto de vista da macroestética e da percepção, aparece primàriante como *forma,* como figura do contôrno ou emolduração, sendo os "pontos internos" negligenciados. Microestèticamente, porém, êstes últimos também são relevantes. A *Gestalt* revela-se, neste caso, como *configuração* no sentido generalizado do conceito geométrico, segundo o qual se trata, também em têrmos gerais, de um sistema de pontos e retas, ou pontos, retas e planos com propriedades de incidência. Ou seja, com a propriedade de, se fôr o caso, pontos se situarem sôbre retas ou retas passarem por pontos. Ou ainda, em outros têrmos: de em cada ponto incidirem retas e planos, em cada reta pontos e planos e em cada plano pontos e retas, sendo, portanto, os elementos do repertório considerados sempre seletivamente.

Naturalmente, caos, estrutura e *Gestalt,* ou também mistura, simetria e forma, repertório, padrão e configuração, designam classes muito extensas e amplas de estados estéticos. Mas existem exemplos claros de sua realização artística, principalmente no campo das artes visuais. Tanto a pintura clássica quanto a moderna, por exemplo, com a pintura figurativa (objetual) por um lado, e a pintura concreta, por outro, oferecem uma típica orientação macroestética em formas, enquanto que o jôgo de côr e sombra [*Tuschen*] de Rembrandt e, mais tarde, o impressionismo e o expressionismo, o tachismo e a pintura informal são constituídos muito mais microestèticamente, vale dizer de maneira configurativa. Em tôdas as épocas, os ornamentos são formações de simetria macroestéticas, que não só alcançaram significação artística como decoração adicionada, mas até mesmo aspiram a uma realização estética autônoma na pintura concreta e na *op-art* de hoje, nas técnicas seriais da gráfica ou da tipografia etc. A exploração de figurações poligonais no *design* mostra, além disso, a sua função como padrão [*Pattern*]. Embora a realização artística macroestética e microestética de um caos estético seja, na verdade, como ideal, quase impossível de ser produzida, é ela, porém, como aproximação real, material, como mistura ou como repertório, fàcilmente atingível. Também amostras lingüísticas servem de exemplificação. A consideração dos textos, sob um aspecto macroestético, fixa a sua forma exterior como poesia, como prosa épica ou dramática. A disposição de uma poesia em versos, estrofes etc., o esquema de rimas, a métrica e a rítmica podem ser avaliados também como aspectos macroestéticos. Enquanto isso, as averiguações sôbre a repartição estatística média do número de sílabas, de palavras, da ársis e tésis, sôbre as repartições médias dos comprimentos das palavras ou frases já constituem aspectos microestéticos da distribuição material por meio de um repertório atinente de elementos lingüísticos e textuais. Por *texto caógeno*, no sentido microestético, poderíamos entender um texto "artificial" cujos elementos (palavras) exibissem a característica da indiferenciabilidade, enquanto independentes uns dos outros, material, estatística e semânticamente, por conseguinte, enquanto devessem ser selecionados de modo estocástico. Interpretado como vocabulário suscetível de seleção, o seguinte texto seria, microestèticamente, um repertório:

"Logo, muito, deve, lugar, êste, zero, mal, tu, para, oh, se, animal, e, será, ponto, fixo, para, a, p, caso, se, si, muito, quatro, o, todo, redondo, e, que, com, assim, nós, já, tens..."

Textos estruturais são textos que constituem seus elementos, palavras ou frases, em unidade material (número de sílabas das palavras, comprimentos das palavras e frases etc). Naturalmente a métrica e a rítmica também determinam tais estruturas do texto.

Textoformas [*Textformen*] são, por exemplo, disposições lineares das palavras em linhas ou disposições poligonais das linhas em superficies. Por outro lado, no caso de uma repartição arbitrária não-poligonal de palavras em uma superfície, como acontece, às vêzes, com cartazes ou, em geral, com textos de publicidade, pode-se falar em *configurações textuais* [*Textkonfigurationen*].

8. Microestética numérica

A Transformação da Medida Estética

Para a introdução da medida macroestética, foi fundamental a função de medida inaugurada por G. Birkhoff:

$$M_E = f(O/C)$$

Neste caso, eram apenas decisivos para O os fatôres determinantes de ordem da forma e para C os determinantes de produção da forma. O processo de produção em si não fôra considerado.

Já dissemos que, na passagem da medida macroestética para a microestética, seria levado em conta o repertório material (e semantema) a partir do qual é criado o objeto artístico. Com isto, como é natural, tornam-se também relevantes para a medida estética o processo artístico, a produção, a invenção e realização do próprio estado estético. A medida microestética fixa, portanto, a passagem do repertório estético para o estado estético e a considera como um processo de *seleção*. O objeto artístico, ou seja, o seu estado estético surge portanto, microestèticamente, como inserido em um *esquema de comunicação criativa,* no qual se deve interpretar o repertório como expedidor e o objeto como receptor:

Expedidor	Seleção	Receptor
Repertório	Criação	Objeto
Preordem		Ordem

A criação estética é, essencialmente, de natureza heurística; a seleção se desenrola experimentalmente, isto é, ela é constantemente revisável, um processo que engloba *trial and error*. Todo elemento transmissível do repertório material pode tornar-se um elemento semantema do repertório intencional da consciência e figurar, com isso, ao mesmo tempo, como um elemento de inovação estética, um signo, o qual representa, no processo de conhecimento, uma *informação,* e no processo estético, uma *originalidade*. Justamente a possibilidade de reduzir o processo gerador de arte a *seleções* dependentes de repertório permite interpretar, dentro da *semiose* gerativa de inovação, o estado estético resultante como uma classe especial de informações selecionadas, que podemos designar brevemente por *informação estética*. Com êstes pressupostos está introduzida a *função de medida microestética;* pois é evidente que, agora, o estado estético, desde que seja dado através de *ordem* e *complexidade,* tem de ser determinado pelas medidas, ou seja, pelos critérios teórico-informativos destas, pois o conceito de informação relaciona-se justamente com a possibilidade de seleção de um repertório.

As considerações de A.A. Moles e minhas próprias levaram R. Gunzenhaeuser a medir a *complexidade microestética* por meio do grau da desordem, da *entropia*, da *informação estatística* (H) dos elementos selecionados (expedidos) a partir do repertório, enquanto que a *ordem microestética*, — pois tôda ordem de elementos é um fenômeno de redundância, de repetição do igual, do conhecido, do previsível, representando justamente a ausência de uma informação inovadora — é dada numèricamente pela quantidade correspondente de *redundância estatística* (R).

No lugar da função de medida macroestética:

$$M_E = f(O/C)$$

aparece, pois, a função de medida microestética:

$$M_e = f(R/H).$$

A *medida de configuração* [*Gestaltmass*] M_E da macroestética de um *estado estético* será assim substituída pela *medida de seleção* M_e da microestética dêste. R, a redundância, pode portanto ser designada como ordem *estatística* e H, como complexidade *estatística*. De resto, R e H serão, naturalmente, calculados segundo as fórmulas desenvolvidas por Shannon.

Para H vale:

$$H_i = \sum_{i=1}^{H} p_i \, ld \, 1/p_i$$

como medida para a informação em referência a um repertório, a partir do qual os elementos (signos) S_i são selecionados com as probabilidades p_i. A redundância R, que assim aparece, tem, segundo Shannon, o montante:

$$R = \frac{H_{max} - H_i}{H_{max}}$$

Por H_{max} entende-se aqui a informação estatística máxima do repertório constituído pelos elementos (signos) S_i, que é igual ao *logarithmus digitalis* (ld) do conjunto dêsses S_i, o que significa, portanto, que:

$$H_{max} = ld S_i$$

ou seja:

$$H_{max} = ld \text{ (repertório)}.$$

H_{max} é também designado como *informação possível* e H_i, correspondentemente, como *informação efetiva*. A relação de ambos, H_i/H_{max}, chama-se também *informação relativa*. A fórmula para a medida de seleção microestética M_e pode pois ser escrita da seguinte forma:

$$M_e = \frac{1 - H_{rel}}{H_i}$$

É fácil ainda reconhecer-se que a medida de criação (medida de inovação) é dada pelo montante de informação, enquanto que a medida de comunicação (medida de ordem) é determinada lògicamente pelo montante de redundância. Tôda medida de criação atinge aquilo que é expresso, em teoria da arte, pelo conceito clássico de *originalidade,* enquanto que a medida, através da qual se pode tornar comunicável, identificável, um estado estético, ou uma obra de arte em geral, é uma questão concernente à sua ordem reconhecível, portanto à sua redundância, o que corresponde, aproximadamente, ao conceito clássico de *estilo* em teoria da arte.

A Microestética dos Três Modelos de Ordem

Já falamos dos três estados estéticos fundamentais, ou *modelos de ordem,* que foram designados como *caos, estrutura* e *Gestalt*. Macroestèticamente, é possível interpretá-los e realizá-los como *mistura, simetria* e *forma;* microestèticamente, como *repertório, padrão* e *configuração*.

Como resultados de seleções microestéticas, ditos estados podem ser fàcilmente determinados com a ajuda do *esquema finito* da probabilidade ou freqüência introduzido por Chintschin, em 1957, pelo qual uma *fonte discreta* ou um *repertório discreto* emite, ou deixa selecionar, seus signos S_i.

Para escrever êste esquema finito, coordenam-se à seqüência de signos expedidos S_1, S_2, S_3 ... S_n, respectivamente as probabilidades p_1, p_2, p_3 ... p_n com as quais são os mesmos emitidos ou selecionados; portanto:

$$S_1, S_2, S_3, \ldots S_n$$
$$p_1, p_2, p_3, \ldots p_n$$

Com a ajuda dêste esquema finito de seleção, pode-se agora caracterizar, segundo a teoria da probabilidade, ou seja, estatìsticamente, os três estados estéticos fundamentais ou modelos de ordem.

Um *estado caógeno* é adequadamente caracterizado pelo fato de seus signos, ou seja, elementos, serem repartidos com eqüiprobabilidade, aparecerem com a mesma freqüência no repertório e serem expedidos ou selecionados com a mesma freqüência. Ao estado caógeno corresponde o esquema finito:

$$S_1, S_2, S_3, \ldots S_n$$
$$1/n, 1/n, 1/n, \ldots 1/n$$

Um *estado estrutural*, em contrapartida, se apresenta como estado de disposição *regular*, pelo fato de um signo, ou elemento, ser expedido ou selecionado com a máxima probabilidade, portanto com a certeza 1, pois então todos os outros signos, ou elementos, são fixados sintàticamente, vale dizer, por meio de uma regra. Corresponde assim, ao estado estrutural, o esquema finito:

$$S_1, S_2, S_3, \ldots S_n$$
$$1, \ldots\ldots\ldots\ldots$$

Um *estado gestáltico* ou *configurativo,* como estado de disposição *irregular* dos signos, ou elementos, é determinado pelo fato de cada signo ou elemento ser escolhido com certa probabilidade ou freqüência singular. Assim, dá-se para cada S_i uma probabilidade determinada, e respectivamente diversa, de seleção p_i. Ao estado configurativo ou gestáltico corresponde por exemplo o esquema:

$$S_1, \quad S_2, \quad S_3, \quad \ldots \quad S_n$$
$$1/2, \quad 1/4, \quad 1/8, \quad 0,0,0, \quad 1/8$$

Existe naturalmente uma multiplicidade infinita dessas repartições de probabilidades configurativas de estados gestálticos, o que corresponde à extraordinária amplitude da transformabilidade (icônica), ou possibilidade de variação, de uma *Gestalt* ou configuração (por exemplo, de uma melodia, de uma figura humana, etc.)

Por meio do esquema finito deixam-se também esclarecer fàcilmente as relações numéricas entre *ordem* e *inovação,* ou seja, *redundância* e *informação.* Partimos (segundo von Cube e Gunzenhaeuser) dos seguintes quatro esquemas, que se referem a um repertório de quatro signos e cujos montantes de informação, calculados com o auxílio da fórmula de Shannon, são dados; designamos, ademais, o estado estético correspondente:

Esquema finito	Estado	Informação
$S_1, \; S_2, \; S_3, \; S_4$ $1/4, 1/4, 1/4, 1/4$	caógeno	$H = 2{,}00$ bit
$S_1, \; S_2, \; S_3, \; S_4$ $1/2, 1/4, 1/8, 1/8$	configurativo	$H = 1{,}75$ bit
$S_1, \; S_2, \; S_3, \; S_4$ $3/4, 1/8, 1/8, 0$	configurativo	$H = 1{,}06$ bit
$S_1, \; S_2, \; S_3, \; S_4$ $1, \; 0, \; 0, \; 0$	estrutural	$H = 0{,}00$ bit

Percebe-se que, com a passagem do estado caógeno para o estrutural, a ordem aumenta, mas a informação diminui. O lucro em ordem revela-se como *perda de informação,* isto é, com o crescimento da ordem (dos elementos) descortinável de um estado estético decresce sua inovação, sua originalidade. O estado caógeno de distribuição eqüiprovável dos elementos tem, naturalmente, um máximo de inovação ou informação, na medida em que dêle se pode selecionar qualquer outro estado estético estrutural ou configurativo. Todo caos é fonte real, repertório real de possíveis inovações, no sentido de criações. Isto pertence essencialmente à explicação do caos.

Tais raciocínios poderiam, aliás, fornecer os fundamentos para uma crítica de arte baseada na estética da informação, na medida em que contenham *critérios,* que funcionem numèricamente e sejam justificáveis teòricamente, para a caracterização dos estados estéticos de objetos artísticos. Para a indentificação do *estilo* de uma obra de arte, por exemplo, é necessário reduzir o estado estético à ordem, portanto, ao montante de redundância. O estilo não se baseia no montante de inovação, nem na originalidade, mas sim no montante de redundância da ordem realizada. Cumpre, todavia, não deixar de reparar que existem duas classes de estado estéticos e, assim de objetos artísticos: a classe daquelas obras de arte cujo estado estético repousa na redundância, na ordem, e a classe daquelas obras que constroem o estado estético de maneira inovativa. Tendências ornamentais, estruturais, remetem a desenvolvimentos de redundância no estado estético da obra de arte. Criações configurativas, gestálticas, dão importância à formação de inovações acentuadas, à realização original, singular, e a elevados montantes de informação estética. A técnica da fuga, na composição musical, trabalha geralmente mais com formas redundantes do que a técnica da melodia na qual a modulação gestaltizante, configurativa, é evidente. Os valores de representação (icônicos) das côres em um quadro manifestam, geralmente, uma variedade de redundância relativamente alta, enquanto que os valores autônomos (simbólicos) das côres constituem, na maioria das vêzes, uma variedade formadora de inovação.

Pode-se em geral ressaltar que tôda utilização *semantema* (semântica) de elementos *materiais,* ou signos, na construção de estados estéticos, reduz os montantes inovativos dêstes, mas aumenta, pelo menos aparentemente, a redundância, a ordem, tornando-a assim mais apta à apercepção. Isto permite compreender por que o ilusionismo semântico (prêso ao objeto, perspectívico) de um quadro possa também, desta maneira, suscitar um ilusionimo estético, o qual leva a avaliar errôneamente, muito acima ou muito abaixo, o estado estético do objeto artístico em questão. Explica por outro lado por que a pintura clássica, pré-kandiskiana, só acreditava na realização de estados estéticos, quando eram introduzidos, junto aos portadores materiais, também os semantemas, e elucida assim por que a conseqüente emancipação das côres e formas, ou seja, a utilização autônoma de materiais, só tenha surgido relativamente tarde na história das artes plásticas. Se é que há em geral um principio unitário que caracterize a arte moderna, então êle consiste na *autonomia estética* dos materiais. A isto se liga, por sua vez, o fato de que estados estéticos, realizados no *plano material* (dos grafemas, cromemas, fonemas etc.), e que são nesse plano altamente inovativos, sejam, muitas vêzes, como tais, imperceptíveis e necessitem primeiramente de sua *majoração* no *plano semantema* (dos objetos, das figuras, dos espaços reais, paisagens, acontecimentos etc.), para serem reconhecidos como obras de arte Por outro lado, as redundâncias semantemas podem também degradar [*herabsetzen*] a inovação material ou mesmo encobri-la totalmente (um perigo que atinge em particular tôda prosa épica e tôda pintura objetual, figurativa). Outra hipótese possível é a inovação material tornar-se tão grande, que elimine no plano semantema redundâncias necessárias (por exemplo, na metafórica e no maneirismo e impressionismo).

Modificação de Estados Microestéticos

Em primeiro lugar, devemos diferenciar também entre *macro* e *microinovação*, como já o fizemos com a macro e a microestética. A macroinovação de um estado estético é dada pelas categorias de forma, geométricas, *mètricamente* determináveis, pertencentes às características típicas da medida gestática macroestética do quociente original O/C de Birkhoff. A microinovação, por sua vez, só é determinável *estatìsticamente*, e descreve numèricamente a *repartição de probabilidade*, originada seletivamente, do estado estético relativo ao repertório dos elementos (signos). As macroinovações resultam, portanto, principalmente de majorações de signos individuais em signos de ordem mais elevada, em signos totais [*Gesamtzeichen*]. As microinovações, em contrapartida, pertencem em geral à singularidade dos signos individuais. G. Nees observou pois, corretamente, que as macroinovações se baseiam em motivações redundantes do estado estético, em seu esquema majorado de ordem no plano material ou semantema, enquanto que as microinovações, constituindo a esfera da *construção fina,* não de imediato acessível perceptìvelmente, constituem zonas de determinação mais fraca ou de origem casual, aleatória.

Assim sendo, G. Nees distingue também entre inovação *induzida* e *inerente*. Aquela já pode ser planejada no repertório por meio das possibilidades materiais e semantemas dos elementos (signos) com vista à majoração; esta, entretanto, não é planejada: faz, antes, constitucionalmente, parte dos elementos (signos) materiais e semantemas e atua no processo seletivo. De modo análogo, pode-se falar, portanto, em *majoração* induzida e inerente.

Falamos de signos como elementos de inovação. Estados estéticos caógenos, estruturais e configurativos podem, assim, ser designados como *unidades de inovação* estéticas.

Se partirmos de um estado *caógeno* dado como um simples *aglomerado* de elementos, então o desenvolvimento do aglomerado para chegar à *Gestalt* significa naturalmente um aumento da *macroinovação*. Mas com isso a *microinovação* diminui. O aglomerado é desconexo; possui, no tocante a seus elementos, como descreve G. Nees, *descontinuidade* e *nexo distal* [*Distalnexus*] *,mas não possui *nexo local*. A *Gestalt,* no entanto, apresenta tanto *continuidade* quanto *nexo local* e *nexo distal*.

Todavia, o desenvolvimento do aglomerado para a configuração processa-se por um estado intermediário, que é designado como textura. Solos arenosos, tecidos e superfícies em geral formam texturas. Apresentam nexo local, porém não distal, mas distinguem-se por não terem contôrno pronunciado e pela microinovação. Quando a microinovação alcança determinada grandeza, a textura passa òbviamente a um estado

---

N. do A.: *Distalnexus,* relação de afastamento ou de distância.

caógeno. A redução da microinovação nas texturas, por outro lado, as transforma em *estados estruturais,* ou seja, *ornamentos.*

Também o *labirinto* deve ser incluído nos estados estéticos. Sua função, como objeto artístico, sempre foi reconhecida. Lembro o labirinto cretense e o egípcio. Hegel incorporou os labirintos à "arquitetura simbólica", que era concebida como construção, "sem", como diz Hegel, "ser reunida como momentos de um sujeito". Ainda segundo Hegel, o "simbólico realmente independente" consiste na "sinuosidade" [*Irrgewinde*]. O problema matemático do labirinto está, aliás, em encontrar um método pelo qual qualquer parte do labirinto possa ser alcançada, sem que se conheça o plano geral.

O labirinto representa, do ponto de vista do expedidor, visto como objeto, um sistema de raias poligonais ou arcos de círculo. Para o interpretante, ou seja, do ponto de vista receptorial, trata-se de um sistema de decisões, que têm de ser tomadas nos pontos de cruzamento dos caminhos, para achar a saída. Tal labirinto representa naturalmente uma conexão, possui tanto nexo local quanto nexo distal e ganha, com isto, configuração [*Gestalt*]. Possui, todavia, ao lado da macroinovação induzida, que foi incorporada planejadamente, também macroinovação inerente, a saber, nos pontos casuais dos equívocos caminhos que se cortam, nos quais cumpre tomar a decisão. Com isto tem, para o interpretante que o percorre, a aparência de um estado caógeno que simula microinovação.

De certa forma o *labirinto* representa, portanto, o *caso-modêlo* de um *portador* de estados estéticos, vale dizer de um *objeto artístico,* principalmente também porque sua *entrada* (o começo, a primeira pincelada) é "dada" enquanto que a *saída* (o fim, a última pincelada no quadro) precisa antes ser "encontrada". Pelo caminho cumpre tomar as decisões, que destroem o desconhecimento e que permitem ganhar o conhecimento (do caminho, da continuação do processo artístico) em forma de inovação ou informação, uma seqüência que, naturalmente, consome liberdade (de decisão). O caminho finalmente percorrido forma um sistema de ângulos e arestas (de decisões e procedimentos), um "grafo" *. Êste *sistema de grafos* [*Graphensystem*], no tocante ao seu estado estético, é uma formação *configurativa*, uma *Gestalt*, semiòticamente determinável através de um sistema de signos indiciais, mas que, numèricamente, se deixa determinar por meio de uma repartição irregular de probabilidades, sendo seu ganho em informação do tipo *seletivo*. Para terminar, desejo ainda acrescentar que os *ornamentos* substituem o caso-modêlo do labirinto no âmbito dos estados estéticos estruturais e icônicos. Tal como no caso dos labirintos, Hegel também já os subsumira na classe das "formas simbólicas de arte".

---

* *N. do O.*: O autor usa a expressão no sentido da teoria dos "graphs" ou seja, segundo Elisabeth Walther, teoria da "representação geométrica das relações de ordem". Trata-se do estudo dos gráficos, dos diagramas, dos "ícones de relações inteligíveis", já iniciado por Peirce, que se preocupava, aliás, com a elaboração de uma "álgebra universal das relações" e de um sistema de "existential graphs". O emprêgo do neologismo "grafo", de preferência a uma tradução mais cursiva por "gráfico", corresponde ao original e assinala, assim, esta especialização semiótica do conceito.

9. Estética gerativa

Ao lado da estética *semiótica* e da *numérica,* da estética sígnica e da estética informacional, desenvolveu-se recentemente um terceiro ramo da estética moderna, a assim chamada *estética gerativa.* Em 1965, por ocasião de uma primeira publicação sôbre "Gráfica de Computadores", eu a concebi como a suma totalizadora [*Inbegriff*] de tôdas as operações, regras e teoremas, que, aplicados a um repertório de elementos materiais manipuláveis, pudessem criar neste, consciente e metòdicamente, estados estéticos. Esta primeira definição, embora um pouco geral, permitia que também fôssem admitidos em seu âmbito processos matemáticos e maquinais.

No entretempo, a aplicação de dispositivos de computação eletrônica de processamento de dados, por um lado, e de esquemas matemáticos, por outro, produziu um tão grande avanço no processo gerador de arte em todos os domínios artísticos e do *design,* que a fundamentação e a síntese teóricas têm ao menos de ser iniciadas. Neste contexto, os pontos de vista da estética informacional, ou seja, a aplicação dos modos de ver da teoria da informação aos problemas estéticos, sobretudo ao campo da produção musical e gráfica, revelaram-se particularmente fecundos. Principalmente L. A. Hiller, L. M. Isaacson e H. Bruen (E.U.A.) conseguiram, neste sentido, na esfera musical, além de êxitos práticos, também bases teóricas, enquanto que, na Alemanha, Georg Nees, sobretudo, apoiou os seus trabalhos gráficos em uma teoria estética gerativa, derivada da estética informacional. Quanto à exploração de esquemas matemáticos especiais para a produção de estados estéticos, posso citar, no campo da criação musical, I. Xenakis, o qual introduziu princípios da teoria probabilística de composição estocástica, e P. Barbaud, que recorreu a algoritmos mais gerais para sua música automatística; no campo do *design,* Rolf Garnichs, com sua concepção de uma generalização construtiva da medida gestáltica de Birkhoff, para a configuração gerativa de objetos-*design.* É evidente que tôda estética gerativa compreende, como teoria, a conjugação de esquemas matemáticos e procedimentos técnicos.

Pode-se, a partir daí, em primeiro lugar e de modo geral, formular que, por estética gerativa, se deve conceber uma teoria matemático-tecnológica da transformação de um *repertório* em *diretivas,* das *diretivas* em *procedimentos* e dos *procedimentos* em *realizações.*

O *processo criativo* possui portanto, no sentido da *estética gerativa,* uma fase de *concepção* e uma fase de *realização.* A fase concepcional trabalha no campo ideal intencional; a fase realizadora, no campo material técnico. A obra não é mais imediata em relação ao criador. É *mediada* por um sistema de agregados [*Aggregate*] *semióticos* e *maquinais.* A *relação criativa* é uma relação comunicativa entre um ser *expeditorial* e um ser *receptorial.*

O processo conjunto gerador transcorre, em princípio, segundo o seguinte esquema:

Programa → (computador + gerador aleatório [*Zufallsgenerator*]) → realizador.

O programa, que consiste em diretivas (indicações operacionais) pressupõe o repertório do conjunto de signos da respectiva linguagem de programação usada (por exemplo, Algol), na qual as diretivas podem ser expressas. Ao realizador pertence o produto, que por meio dêle foi confeccionado (assim, por exemplo, o aparato de signos guiado pelo programa através do computador). Esquemàticamente temos o seguinte:

repertório → programa → (C → S) → realizador → produto

ou

emissor de signos → elaborador de signos → receptor de signos

ou

portador de signos + diretivas de signos →

armazenador de signos + conversor de signos + algoritmo de signos →

reator de signos + executor de signos

O computador executa os procedimentos algorítmicos, que o programa determina, na forma de escoamentos técnicos. Age como um *autômato,* isto é, com equivalência e exatidão programadas. No caso ideal, portanto, o computador — a instalação eletrônica de cálculo processadora de dados — é determinado com exatidão. Gerador aleatório será, então, denominado o princípio que permite também introduzir, nos procedimentos gerativos, seqüências estocásticas, cujo desenrolar liga-se ao aparecimento de fenômenos casuais (por exemplo, números casuais em seqüências numéricas). A gênese técnica da casualidade no computador deve, portanto, já estar prevista no programa; isto é, seu repertório deve conter seqüências de números casuais, à semelhança dos que podem surgir no jôgo de dados ou na roleta; estas ficarão no armazenador da máquina computadora, à disposição, para os procedimentos de cálculo e algorítmicos.

Programa de uma Gráfica de Computador

Mikadospielhaufen I *

(Segundo a linguagem programada, por G. Nees, derivada de Algol.)

1   "BEGIN" "COMMENT" MIKADOSPIELHAUFEN I.,
2   "REAL" PSI, PI.,
3   "PROCEDURE" STAB.,
4   "BEGIN" PSI. = J1.,
5   VAZIO (P + 2.5 + 30 * COS (PSI), Q + 2.5 + 30 * SEN (PSI)).,
6   LINE (P + 2.5 + 45 * COS (PSI + PI), Q + 2.5 + + 45 * SEN (PSI + PI))
7   "END".,
8   PI. = 3.14159., JI1 = JS1.,
9   JA1. = 0., JE1 = PI.,
10 SERIE (5.0, 5.0, 26, 18, STAB)
11 "END" MIKADOSPIELHAUFEN I.,

Com razão definiu Georg Nees o esquema criativo de um sistema estético gerativo como sendo o modêlo de *simulação* de processos de seleção na base de *decisões* sôbre *parâmetros* (numèricamente expressos). Tudo aquilo — e sòmente aquilo —, a respeito do que se devam tomar decisões *seletivas* para o fim de produzir um estado estético (vale dizer, de distribuição estética por meio de um repertório de elementos materiais dados), é também suscetível de representação mediante *números* ou *seqüências numéricas,* aos quais a escolha se refira. A êstes elementos pertencem, na composição musical, sobretudo a duração do som, sua altura e intensidade; na técnica gráfica, a posição e intensidade dos elementos materiais e, conseqüentemente, também os seus espaços, portanto o nexo distal, os pontos iniciais e os pontos finais dos traços lineares, as suas direções e assim, de um modo geral, as grandezas angulares; nos sistemas gráficos coloridos, ainda a tonalidade da côr, a claridade ou a intensidade, bem como os matizes de cinza; nos textos, os valores nu-

N. do O.: Literalmente, "aglomerados resultantes do jôgo do Micado". Trata-se do jôgo japonês conhecido entre nós como "pega varetas".

méricos designam tipos de palavras, partículas de ligação de frases, número de sílabas, comprimento de palavras e de linhas, posição no plano, tamanho de tipos (quando se trata de textos publicitários e de cartazes em geral). Com a introdução de números casuais para os elementos materiais, essencialmente selecionáveis, da distribuição estética, o próprio acaso [*Zufall*] se torna um procedimento do programa; simula-se não apenas a própria seleção, mas também aquilo que, no domínio da produção artística humana, manual, é realizado pela decisão intuitiva, pela idéia repentina [*Einfall*].

Reprodução 1

Gráfica de Computador segundo G. Nees: *Mikadospielhaufen*

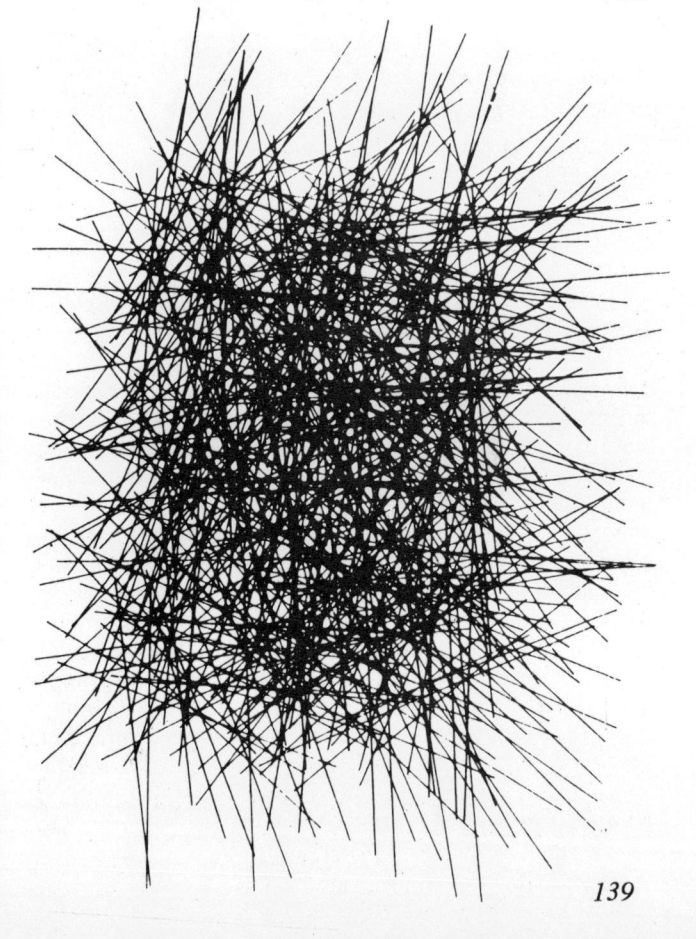

10. Estética valorativa

Os processos semióticos e numéricos da estética trabalham primàriamente de modo analítico e descritivo; são *relevantes para o objeto* [*objektrelevant*], pois a análise e a descrição referem-se ao estado estético como um *objeto artístico*. Os processos gerativos, em contrapartida, são pronunciadamente *relevantes para o material* [*materialrelevant*]; manipulam apenas *meios*, servem à síntese e à construção materiais. Por fim, a estética ajuizadora é *relevante para o interpretante* [*interpretantenrelevant*], *reflete* o estado estético e o considera como repertório de suas próprias possibilidades; realiza, de certa forma, uma nova, segunda seleção: não rejeita nem aceita o objeto como tal e sim como algo passível de julgamento, portanto como *valor*. Do ponto de vista semiótico, tôda medida significa uma referência de objeto, mas todo valor uma referência de interpretante. Em princípio, pois, a comunicação criativa e a comunicação ajuizadora constituem fases distintas do processo artístico, mas na realidade elas se sobrepõem constantemente, pois tôda criação, no sentido de produção de inovações, decompõe-se em criações parciais, entre as quais se interpõem juízos, atos de aceitação ou de rejeição. A fase da produção vem, portanto, constantemente acompanhada da fase do consumo reflexo, a medida é continuadamente transformada em valor, de forma que, como esquema de *comunicação estética,* se apresenta o seguinte:

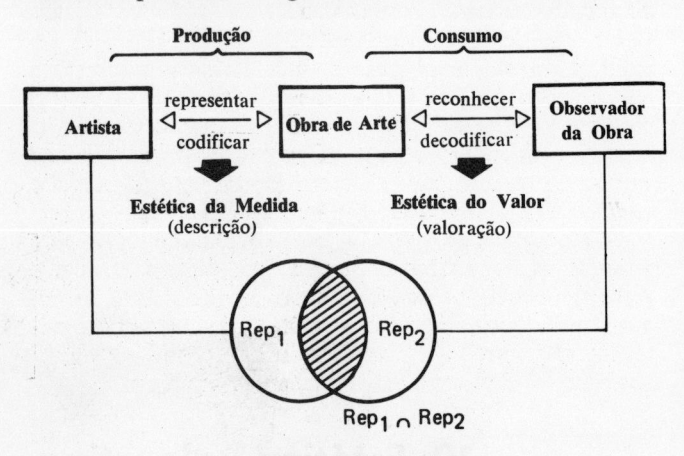

```
          Produção              Consumo
      ┌──────────┐          ┌──────────┐
      │          │ representar │         │ reconhecer │          │
      │ Artista  │ ◁───────▷ │ Obra de Arte │ ◁───────▷ │ Observador │
      │          │ codificar │         │ decodificar │ da Obra  │
      └──────────┘          └──────────┘
```

Estética da Medida   Estética do Valor
   (descrição)   (valoração)

$Rep_1 \cap Rep_2$

Comunicação Estética

Só no ato do ajuizamento o processo artístico alcança sua conclusão comunicativa na consciência. Cumpre entender a consciência como um *sistema de comportamento* que converte decisões em ações.

Se agora decompusermos a *semiose,* o processo formador de signos da *comunicação estética,* em suas fases *sintática, semântica* e *pragmática,* então o sistema dos *graus de liberdade* das posisbilidades de decisão estética irá apresentar-se, no decorrer da produção artística, como esquema progressivo:

```
Expedidor  ──inovação──→  Ordem estética
(Repertório   sintática    (esquema finito)
material)

Ordem  ←──inovação──   Representação estética
          semântica    (objetos concretos
                       ou abstratos)

Representação ←──inovação──  Receptor ----→ Valor
                pragmática   (consciência
                             julgadora)
```

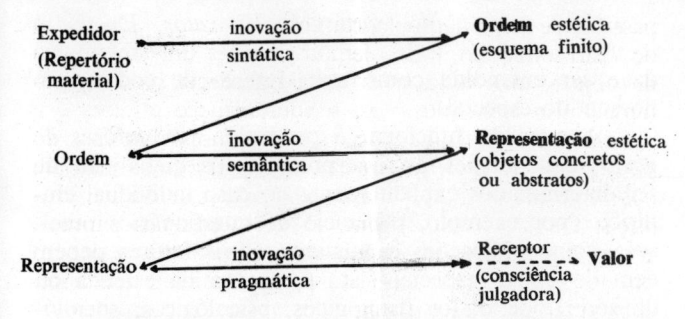

Seguem portanto, um após o outro, sistema material, sistema de ordem, sistema de representação e sistema de valor. No sentido da interpretação geradora da relação triádica de signos, trata-se, na inovação sintática, do desenvolvimento do meio; na inovação semântica, do desenvolvimento da referência de objeto e na inovação pragmática, do desenvolvimento do interpretante.* O *valor* faz sempre parte do sistema significativo do interpretante. Como os *significados* (no campo do interpretante) devem ser interpretados como *codificações* ** das *designações* (na referência de objeto) e a codificação, por sua vez, se realiza, sempre, com a função comunicativa dos *meios* (os quais, no esquema geral de comunicação, correspondem ao *canal de comunicação*), a concepção semiótica do *valor* pode ser fàcilmente complementada por uma concepção numérica, isto é, de teoria da informação.

A. J. Chintschin desenvolveu adequadamente o esquema de codificação da teoria da informação e mostrou que, do ponto de vista matemático, o código pode ser introduzido como uma função:

$$x = x(\ominus)$$

Neste contexto, é preciso interpretar $\ominus$ como um conjunto de informação de uma "fonte" (entrada) e x como um conjunto de informação de um "destinatário" (saída), formados, respectivamente, por meio de um repertório de signos $\ominus = (\ldots, \ominus_{-1}, \ominus_0, \ominus_1, \ldots)$ e um repertório de signos $x = (\ldots, x_{-1}, x_0, x_1, \ldots)$. Correspondentemente, a dependência do valor com respeito à medida, como S. Maser a formulou:

---

* N. do O.: Ver nota à p. 56.
** N. do O.: À referência de interpretante corresponde a "função de codificação". Ver "Semiótica abstrata", p. 54.

$$V_E = f(M_E)$$

deve ser entendida como uma função de codificação no sentido especial.

A conexão funcional é produzida por *fatôres de gôsto*, dependentes do interpretante, os quais têm de ser determinados explìcitamente no caso individual empírico (por exemplo, por meio de questionários precisos) como indicações estatísticas. Tais fatôres dependem do objeto especial (isto é, da família estética ou da série), de dados fisiológicos, psicológicos, sociológicos, econômicos, temporais, ambientais e técnico-publicitários.

Êsses fatôres são interpretáveis, segundo S. Maser, como componentes de um *vetor de gôsto* no espaço-aspecto [*Aspektraum*] m-dimensional, mas é possível concebê-los, também, como *correntinhas* de codificações, no sentido de Chintschin. Um valor (do repertório $V = [\ldots, V_{-1}, V_0, V_1, \ldots]$) é obtido, ao se coordenar, com o espaço-aspecto estético m-dimensional, *correntinhas finitas* de fatôres de gôsto.

Êste conceito quantificável do valor, de que êle seja uma função de uma medida, pode ainda ser reforçado por um outro lado.

Robert S. Hartmann, já em 1960, publicou um trabalho sob o título *The Logic and Description of Valuation* onde esboça a base de uma teoria algébrica dos valores, que aqui pressupomos. Esta teoria explica-se através dos seguintes princípios:

1. Um objeto (*fact*) pode ser determinado, mediante um certo conjunto de sentenças descritivas (*descriptions*), como sendo aquilo que é.

2. Por valor (*value*) dêste objeto compreende-se um certo conjunto destas propriedades descritivas (*descriptive properties*) que aparecem nas sentenças descritivas, o qual é o subconjunto de tôdas as referidas propriedades descritivas.

3. Se o objeto tem n propriedades descritivas, então existem ao todo 2^{n-1} subconjuntos possíveis de propriedades descritivas, cuja reunião define numèricamente o maior valor do objeto (*total value of the thing*).

Para nossos propósitos, reduzimos a teoria às seguintes proposições:

161

clareza, que se trata de levar criativamente a uma realização concreta relações-de-função teòricamente concebidas entre côres, formas, luz, espaço e movimento. O mesmo se dá com certos textos de Gertrude Stein, que utilizam estèticamente processos-de-função entre os meios linguísticos de expressão em si mesmos. O que é teòricamente concebido é, apenas, a temática-do-ser da função. O que é realizado na prática é sua forma e seu processo estéticos. Pois não existe *a priori* uma representação do belo, êste se manifesta antes de mais nada como realização. Sua representação aparente diz respeito apenas às relações do ser, não ao modo da correalidade.

Elisabeth Walther, em seu estudo sôbre Francis Ponge, assinalou que, para êsse autor, pelo menos em *Le Parti Pris des Choses,* embora, à evidência, êle parta de objetos (o molusco, o cigarro, o seixo, o fogo, as três lojas, etc.), a representação objetivo-categorial não é a meta, mas sim o delinear de suas funções, èpicamente colhidas em suas relações e processos. Não é apenas a auto-representação dos meios (das côres e formas na pintura ou das palavras e seqüências de palavras no sentido sintático e fonético da prosa e da poesia) o que se deixa formular na temática-dos-signos estética. Ponge oferece um exemplo de que a temática sígnica das funções pode levar a uma presentação estética não apenas sintática, mas também semântica (no "domínio das significações", portanto).

Devo salientar aqui que não nos devemos deixar iludir pelo uso ocasional da expressão "objeto" pelos teóricos da "arte concreta". Um objeto de Bill distingue-se de um objeto de Dürer exatamente pelo fato de que o segundo é um dado objeto categorial, enquanto que o primeiro surge como o esquema-produto de uma relação-de-função estética (assim como o objeto de Francis Ponge representa o esquema estético de um processo-de-função épico). Pode-se também dizer: a "concreção" de que fala Bill não significa uma síntese qualquer (como "fenômeno da natureza") de categorias prèviamente existentes; mas a síntese (como "concepção do espírito") de um esquema conscientemente produzido de funções, de "côr, forma, espaço, luz e movimento, em relação recíproca".

(de "Makroaesthetik und Mikroaesthetik", em *Aesthetische Information,* cit.)

Texto 3 — Arte Concreta e Tachismo

No sentido de uma tal evolução (*N.T.*: a evolução do processo estético, que conduz à informação, oposta à do processo físico, que leva à entropia) o processo estético deixa para traz, primeiro, o processo-suporte físico, natural, perturbador e dispersivo em seu exato sentido (como se vê em tôda transferência de informação); livra-se também do processo técnico, artificial, manipulável, e transcende a fase de mera reprodução e imitação de objetos reais em ficção irreal, através de cuja temática-do-ser ordenada à maneira clássica os instrumentos artisticos — palavras, sons, côres, formas, predicados, etc. — obtiveram já uma primeira distribuição improvável, em relação à distribuição física considerada. A abstração que então se introduz significa o abandono de uma ordenação que nada mais representa senão uma distribuição, uma informação estética com o auxílio de categorias objetuais. O trânsito por esta fase de abstração é, porém, necessário para atingir-se a fase mais alta da auto-representação dos meios estéticos, a fase da concreção das palavras, sons, côres, formas, predicados, etc., puros. A evolução da arte clássico-objetual para a abstrata e, a seguir, até a arte sem-objetos e concreta de Mondrian, Vantongerloo, Bill, etc., não é apenas um fato histórico, mas diz respeito à natureza do próprio processo estético. Com a auto-representação estética dos meios surge, exatamente, por outro lado, o problema de evitar sua fisicalidade e materialidade; nunca o aspecto físico-sensível se aproximou tanto do estético-semiótico como aqui. Na arte concreta, é certo, o sistema continua um sistema estético, vitorioso na luta contra a fisicalidade das côres. Do tachismo, porém, não se pode dizer o mesmo; neste caso, como salientamos na *Estética II,* um processo físico assume a função do estético e faz com que as manchas finjam signos, quando na realidade se trata de sinais.

(de "Aesthetische Kommunikation", §18, em *Aesthetik und Zivilisation,* Agis-Verlag, Krefeld und Baden-Baden, 1958).

Texto 4 — *Vordemberge-Gildewart*

A pintura de Vordemberge-Gildewart, em especial, no campo da arte concreta, reduziu o processo estético de signos a elementos básicos e euclidianos de maneira tão ampla, clara e decidida, que tornou canônicamente patente como um signo estético representa um produto ao mesmo tempo extensivo e intensivo ainda quando só possa preencher a dimensão sintática: sem dúvida, uma importante sugestão para a construção da semântica visual e de sua sintaxe cromática no campo da estética informativa e da respectiva teoria da comunicação.

Extensivos no planimétrico e intensivos na analítica espectral, êstes quadros não nos iludem: justamente através dessa planimetria e dessa análise espectral a cosmologia física é abandonada e conquistada a estética. No todo, pois, uma frágil e fascinante informação estética sôbre liberdades e distribuições espectrais e métricas de côres e planos sublimada no mundo de signos da anti-física.

Nem a geometria nem a ótica pertencem aqui à física. O fato de que ambas formem um profundo e conjugado "continuum" de nossa visão e de nossa configuração não é mais uma realidade física, mas estética: o modo do puro dado estético. Seu aspecto sensível é aparência, sua fenomenalidade a abolição da aparência. O plano é uma figura platônica e a côr uma luminosidade no sentido da metafísica da luz, neoplatônica, mediterrânea!

Eis tudo. Precisa e sem dispersão — que o exato seja uma ilusão, como observa Whitehead, é uma verdade física, não estética — esta cosmologia bidimensional e projetiva descreve um puro macrocosmo. Nada é nela trabalhado a partir do microcosmo. Nada invisível. Tudo visível, visualidade perfeita. E há contornos mas não "quanta", donde nenhuma arrogância individual da comunicação, antes uma aptidão coletiva.

de "Konkrete Malerei" — 1, em *Aesthetik und Zivilisation*, cit.; incluído antes, com algumas modificações, em *vordemberge-gildewart*, catálogo, Ulm, 1957).

Texto 5 — Max Bill

Max Bill, por sua vez, deixa que se manifeste mais o caráter dinâmico e estatístico da pintura concreta do que o estático e planimétrico. A distribuição espectral das côres passa a avançar no espaço microestético, o que em Vordemberge-Gildewart é antes voluntária e

abertamente evitado. De um modo geral, o número de
decisões, o número de alternativas estéticas é mais elevado em Bill do que em Vordemberge-Gildewart. Isto
significa que, em geral, a informação estética em Bill
é maior do que em Vordemberge-Gildewart.

Naturalmente, na pintura concreta, tanto a concepção estética de *gestalt* como a de *estrutura* — para aplicar aqui o par de opostos que pusemos em relêvo —
desempenham um papel produtivo. Vordemberge-Gildewart inclina-se mais para uma concepção de *gestalt*.
Max Bill efetua como nenhum outro uma síntese de
ambas as concepções. O conhecido quadro "Quadrado Branco" de 1946 é um exemplo notável dessa síntese. Nêle se realiza um tema que, claramente, transforma uma *idéia-estrutura* em fundamento de uma
idéia-gestalt. Em Mondrian ocorre coisa semelhante.

(de "Konkrete Malerei" — 2, em *Aesthetik
und Zivilisation*, cit.)

Texto 6 — Informação sôbre estruturas

Com a diferenciação entre temática-do-ser clássica e
não-clássica, que é antes de tudo ontológica, surge ainda
uma outra, de sentido gnoseológico: a distinção entre
coisa e propriedade de um lado e estrutura e função de
outro. Na temática-do-ser clássica vê-se o mundo sob
o prisma das coisas e de suas propriedades; vige a sentença-inerência lógica e, de conformidade com ela, tôdas
as proposições são formuláveis como "proposições sôbre
predicados que dizem ou não dizem respeito a um sujeito"; em conexão com essa sentença-inerência a coisa
e sua propriedade significam o objeto clássico, visível
e representável, tanto na arte como na física clássicas.
Com o declínio desta concepção, irrompe na arte como
na física o aspecto não-objetivo. Começou um deslocamento gnoseológico, que colocou, em lugar de coisas e
suas propriedades, estruturas e suas funções.

Isto não ocorreu sem fundamento e por acaso.
Deu-se no interêsse do aperfeiçoamento gnoseológico
da inteligência humana, logo no interêsse de uma informação crescente e mais apurada. Pois a cada informação, ao substrato comunicável de um conhecimento,
precede uma verificação. Porém, no sentido exato da

palavra, só pode ser verificado aquilo que possui a marca da invariância, da inalterabilidade. Sòmente invariantes são verificáveis, comunicáveis, aptas à informação. "Todo objeto que percebemos aparece sob inumeráveis aspectos; o conceito de objeto é a invariante de todos êsses aspectos", formulou o físico Max Born, afirmando que todo conhecimento tem por base uma abstração, que se processa a serviço da comunicação da situação, da informação. Mas, compreendido o objeto dessa maneira abstrata, como invariante, fica logo patente seu desligamento do aspecto da coisa e de suas propriedades e a mudança para a nova perspectiva, determinada pela estrutura e sua função. Um objeto, abstraído como invariante, é uma estrutura, do mesmo modo que uma propriedade, abstraída como invariante, torna-se função. Estruturas são caracteres de invariância, construídos topològicamente e semiòticamente compreensíveis. Donde, sua relação com os signos, pois também êstes baseiam-se sôbre a invariância. Daí a superioridade da linguagem matemática na reprodução de informações constituídas de invariantes. E daí a introdução do conceito de estrutura na nova matemática, na ciência da natureza matemática e, naturalmente, também na estética, assim como na prática geral e na teoria da produção artística. Como é fácil de ver, as estruturas matemáticas são tão gerais e abstratas, que se aplicam tanto à reprodução de estruturas físicas como estéticas. Evidentemente, a estética — como informação estética — informa sôbre estruturas estéticas, num sentido análogo ao em que a física — como informação física — informa sôbre estruturas físicas.

Do ponto de vista da evolução da informação para uma informação sôbre estruturas, é tão característica a polêmica de Bergson com a física matemática do nôvo tempo em *Matière et Mémoire* (1896) como as interpretações de Jean Metzingers e Albert Gleizes sôbre o "Cubismo" (1912), embora aquela tenha um cunho regressivo e estas progressivo. Os problemas parecem afins em diferentes níveis da consciência humana: aqui uma pura questão de informação, ali uma pura questão de formas, mas, em ambos os casos, gira-se em tôrno do velho problema da realidade do movimento, sua verificabilidade, sua comunicabilidade e suas possibilidades formais. Bergson vê a física clássica naufragar no problema do movimento real, que ela não podia descrever. Mas seu êrro, subestimando a evolução para a informação física estrutural, consiste justamente em pretender que o movimento fôsse descritível no sentido clássico, objetual. Em contraparte, diz Gleizes: "O cubismo, entre 1911 e 1914, evolui do conceito formal de *corpo* (volume) para o de *movimento* (cinématique), que aniquila definitivamente a unidade perspectívica renascentista". Unidade perspectívica quer dizer sem dúvida, unidade objetual, não estrutural, logo descritiva, não produtiva. Mas: "Todo pintor cubista propende para a ordenação da pintura decorativa. Os meios inventados em correspondência com as possibilidades técnicas vingam em detrimento da perspectiva, paupérrimo instrumento-mestre da descrição". Com o cubismo, torna-se a pintura de fato informação estética sôbre estrutura.

No que concerne às origens da informação metódica — física ou estética — sôbre estruturas, pode-se remontar a um período ainda anterior. Tendiam conscientemente para isso, na física, em primeiro lugar, os trabalhos de J. W. Gibbs (1902) sôbre a mecânica estatística na termodinâmica, aos quais corespondem, na mesma época, na esfera da produção artística e de sua estética, as pesquisas incansáveis de Paul Cézanne sôbre a modulação das côres, que ajudaram a elaborar o cubismo, da mesma maneira que a mecânica estatística preparou e influenciou o instrumento de expressão da física moderna, a mecânica dos "quanta". A modulação de Cézanne revela a introdução de uma distribuição ou estruturação estética no campo visual; isto, anàlogamente, faz a mecânica de Gibbs, com relação à distribuição ou estruturação física no domínio do movimento molecular. A apresentação de um sistema físico por Gibbs com auxlio de pontos-fases e espaços-fases realiza-se com o mesmo sentido de transferência para uma temática-do-ser não clássica, não-objetiva, estrutural e funcional, que tem o esbôço de uma "Paisagem Composta" por Cézanne. Em ambos os casos trata-se da construção de macroestados — físicos ou estéticos — a partir de microestados.

(De *Aesthetische Information,* cit.)

Texto 7 — *Georg Lukács e Max Bill*: *o concreto*

Na obra de Lukács, um trabalho publicado em 1934 na Rússia — "Arte e Verdade Objetiva" — é o que abre maiores possibilidades de aproximação à teoria de que a arte, em última análise, lida com um processo de signos. Êsse trabalho, que me parece a mais importante e autônoma de suas pesquisas estéticas, oferece de fato o ensejo de, a partir da estética dialética, tal como a construíram Hegel e Marx, chegar-se à estética semântico-semiótica.

Lukács fixa com razão os princípios "materiais" da estética dialética, e o faz enquanto salienta o conceito de "concreto", que provém de Hegel, Marx e Engels, e que hoje caracteriza um movimento artístico — aliás independente de pontos de vista marxistas — a "arte concreta" de Max Bill.

"Incumbe à arte a reprodução do concreto... em uma imediata evidência sensível", enuncia Lukács. E esclarece o exposto da seguinte maneira: "A obra de arte fornece sempre — vista conteudìsticamente — um corte maior ou menor da realidade"...; tem por fundamento, portanto, materialmente falando, um ser incompleto, que denominamos signo, — gostaria eu de acrescentar. O signo, considerado ontològicamente, é ser em função. Lukács, em adendo a suas proposições, descreve justamente êste ser funcional da obra de arte: "Uma vez que a obra de arte tem que funcionar como todo concluso, que nela deve ser reproduzida de maneira imediatamente sensível a concreticidade da realidade objetiva, devem nela ser apresentadas tôdas aquelas determinações que, em seu conjunto e em sua unidade, fazem objetivamente o concreto concreto".

Bill, em sua "arte concreta", mantém naturalmente o conceito funcional, exprimindo a situação-cerne da teoria construtivista da seguinte forma: "A concreção tem por finalidade apresentar o pensamento abstrato de maneira sensível e comprensível na realidade... A arte concreta tem por finalidade produzir objetos para a utilidade do espírito".

Propus-me apenas indicar a redução à temática--de-signos estética em duas estéticas materiais aparentemente diversas, como a de Max Bill e a de Lukács, justamente para conferir à estética dialética uma significação prospectiva no campo da arte moderna.

(de "Georg Lukács" em *Rationalismus und Sensibilitaet,* Agis-Verlag, Krefeld und Baden-Baden, 1956)

2. Teoria do texto

> *"Não se pode de nenhum modo pretender, mediante um texto, dar conta de uma realidade do mundo concreto (ou espiritual); êle deve antes de mais nada alcançar a realidade de seu próprio mundo, ou seja, a do texto".*
>
> F. PONGE *

---

* N. do O.: Êstes conceitos de Francis Ponge se encontram, de modo mais desenvolvido, em "La pratique de la littérature" (texto estabelecido a partir da gravação da conferência feita pelo poeta, em 12-7-1956, na Tecnische Hochschule de Stuttgart, a convite de Max Bense). "Les mots sont un monde concret, aussi dense, aussi existant que le monde extérieur", explicita Ponge. Cf. *Le Grand Recueil*, II, Gallimard, Paris, 1961.

Faz-se algo na linguagem, deve-se fazer algo com a linguagem. Prosa e poesia são conceitos que caracterizam algo que pode ser feito na linguagem, quando ela já se apresenta pronta, suas formas são conhecidas e dadas, usáveis e consumíveis. Texto é algo que é feito com a linguagem, portanto a partir da linguagem, algo porém que, ao mesmo tempo, a transforma, acresce, aperfeiçoa, interrompe ou reduz.

O que é feito na linguagem — prosa e poesia — tem uma significação semântica; o que é feito com a linguagem — texto — uma significação estatística. Quando porém o processo estético é um processo estatístico, que conduz a uma classe especial de informação — a informação estética —, então aquilo que denominamos texto tem já a chance de ser um produto estético. A materialidade estatística do texto é sempre o pressuposto de uma fenomenalidade estética do texto.

A criação de uma obra de arte, assim como sua compreensão, é, em casos extremos, um jôgo estratégico (do criador ou do leitor) contra si próprio, pode sem dúvida terminar com uma denegação [*Desavouierung*]. A rigorosidade da obra de arte é conhecida; o ser, do qual ela fala, não pode, de outra diversa maneira, ser perceptível e alcançar validade.

Todo texto, concomitantemente com sua formação, classifica um resíduo em relação à linguagem. Indica o que pode ser eliminado em relação a uma dada espécie de realização estética. É assim que um texto introduz na linguagem um princípio desclassificativo, sem o qual não se poderia falar de uma realização valorante, portanto estética, no campo do texto.

Denominamos lógico o processo que diferencia o provável, o costumeiro, o não-surpreendente; estético, o processo que diferencia o improvável, o não costumeiro, o surpreendente. A diferenciação do provável, costumeiro, não-surpreendente produz o verdadeiro ou o falso. A do improvável, não costumeiro, surpreendente produz a diferença entre aquilo que, sumàriamente, chamamos belo e não-belo.

Não é possível identificar tão claramente a beleza de um texto como sua veracidade. Ela não pode ser demonstrada através de uma não-contradição, nem verificada mediante uma identidade; a matriz aberta dos valores estéticos, que se esconde em conceitos vagos como beleza e não-beleza, e a indefinitude do processo estético o impedem. Apenas a identificação singular de uma informação estética, como aquilo que ela é, é possível; e aquilo que ela é, é aquilo pelo qual ela se distingue, nada mais, nada menos do que pura inovação, pura originalidade, novidade estatística.

> ("Texttheorie", no catálogo *Studium Generale / Konkrete Texte*, Stuttgart, 1959/60, por ocasião de mostra organizada por Max Bense e Elisabeth Walther, na qual foi especialmente apresentada a poesia concreta do grupo "Noigandres". Tradução brasileira: página "Invenção", cit., 27 de março de 1960)

3. Textos visuais

De um modo geral, todo texto se forma como uma série linear de signos. A aproximação estatístico-seletiva, que Shannon e outros forneceram para a formação de palavras ou sentenças, enquanto portadores de sentido, a partir de um determinado repertório lingüístico, evidencia-o claramente. Todo texto se manifesta na realização (material) como na percepção (fenomenal) como um produto unidimensional. O conceito de fluxo de signos e o de fluxo de informação determinam, portanto, o conceito de fluxo de texto. Os graus isolados de uma aproximação shannoniana manifestam-se como linhas; estas linhas são em primeiro lugar puras realizações materiais lineares, paulatinamente transformam-se em realizações lineares fenomenais, que são perceptíveis. Dou, a seguir, o exemplo de Küpfmüller para uma aproximação shannoniana.

1ª aproximação: itvwdgaknajtsqosrmoiaqvwkhxd;

2ª aproximação: eme gkneet ers titbl btzenfndgbgd eai e lasz bateatr iasmirch egeom;

3ª aproximação: ausz keinu wondinglin dufrn isar steisberer itehm anorer;

4ª aproximação: planzeundges phm ine unden übbeicht ges auf es so ung gan dich wanderso;

5ª aproximação: ich folgemaeszig bis stehen disponin seele namen.

Nota-se com facilidade que só com a 4ª aproximação as palavras podem ser identificadas como portadoras de sentido. Cada linha se produz mediante escolha dentro de um repertório segundo o ponto de vista de uma dada freqüência de letras, ou seja, freqüência de certos grupos — de uma, de duas, de três letras. Com a seleção conforme grupos de três, a palavra se manifesta de maneira identificável como portadora de sentido. Naturalmente as escalas sucedem-se umas às outras numa determinada língua de maneira linear, unidimensional, em fila.

Assim como o fluxo estatístico do texto, também a estrutura lógica do texto se manifesta unidimensionalmente. Os functores monários e binários que produzem predicados — a saber: não, e, ou, se-então etc. — funcionam linearmente. Isto vale para lógicas a um, a dois e mais valores, como também para lógicas binárias e não binárias (ternárias). Vale, sobretudo, independentemente de se estar cogitando de uma implicação formal, material ou estrita. A maneira de escrever bidimensional de Frege para a conclusão lógico-predicativa é uma interpretação tipográfica, não de ordem lógica, que se revela supérflua.

O que se chama texto, portanto, só pode ser de fato descrito como texto quando conserva o princípio do enfileiramento, ou seja, da linearidade, da unidimensionalidade. Uma vez que o princípio da aproximação estatística não nos dá apenas o texto como portador de informação semântica, no qual palavras e sentenças podem ser identificadas como portadoras de sentido, mas, também, — o que decorre da constituição estatística do

1. O que um objeto (assim como êle é) é, isto é dado pelo conjunto das designações (signos descritivos) na referência de objeto.

2. O valor de um objeto (assim como êle é) é dado por um certo conjunto de todos os subconjuntos destas designações na referência de interpretante.

3. O objeto tem o valor total, o mais alto, quando é representado pelo conjunto *completo* das possíveis designações na referência de objeto. Seu valor pertence então, na *referência de interpretante,* à *classe dos Legi-signos simbólico-argumentais.** A *interpretação lógica* do *valor total* chama-se "verdadeiro" no sentido de *sòmente* [*nur*], ou em todos os casos, verdadeiro, o que acontece, por exemplo, para cálculos e demonstrações abstratas, que são verdadeiros na medida em que sejam *completos* no sentido lógico, portanto desde que contenham tôdas as proposições afinal dedutíveis do sistema de axiomas (e não outras). A *interpretação estética* do *valor total* vacila na linguagem corrente. Uma certa tradição possui a expressão "perfeito [*vollkommen*]** ("perfeição na aparência", "fala perfeitamente sensual"). Neste conceito está expresso que o estado estético, de fato, realmente apresenta a ordem afinal possível por meio de seu repertório; que, do ponto de vista semiótico, possui caráter argumental e que, no concernente à medida de sua informação estatística, contém a informação máxima, a qual cumpre entender no sentido de máxima *indeterminação* do estado estético.

Como os estados estéticos da distribuição, da repartição dos elementos se constituem por meio de um repertório, tal repartição pode ser mais ou menos indeterminada. A *indeterminação completa* só pode, como vimos, ser alcançada em uma distribuição *caógena,* na qual cada elemento surge com a mesma probabilidade (freqüência) estatística, distribuição que é, como todo *caos,* de inovação máxima. No sentido estrito do conceito numérico, o estado caógeno representa, portanto, o valor total para o interpretante estético. Mas êste interpretante só se interessaria, assim, pela "beleza" de elementos materiais eqüiprováveis. Forçado a levar em consideração repertórios semantemas, o valor total do

---

* *N. do O.*: Ver *N. do O.* à p. 57 e à p. 60.

** *N. do O.*: A palavra alemã "vollkommen" traz a idéia de completude, pois "voll" significa "cheio", "pleno".

estado estético passa a ser orientado no sentido de repartições estruturais ou configurativas que podem funcionar como portadoras de conteúdos, formas, representações, ações ou eventos semânticos, e cuja indeterminação material será reduzida por determinação semantema antecipada, por redundância.

Em todo caso, e isto já é perceptível através dêstes raciocínios algo generalizados, tôdas as indicações numéricas de estética da informação, todos os números de medida, representam verdadeiras designações indiciais, signos descritivos para o objeto, por meio de cujo conjunto pode ser formado o valor na referência de interpretante. As regras de transição [*Uebergangsregeln*] da referência de objeto para a referência de interpretante, da designação para o significado do objeto, do número de medida para o número de valor, são, em si mesmas, relevantes para o interpretante; devem, portanto, ser formuladas para cada interpretante. Estas regras de transição dependentes de interpretante são prescrições de codificação [*Kodierungsvorschriften*], que não precisam de maneira alguma servir sempre a objetivos práticos e econômicos, e que, portanto, não correspondem sempre a codificações ótimas. A codificação pode, no que concerne aos elementos, isto é, aos conjuntos de signos, tornar maior (mais longo) ou menor (mais curto) um estado distributivo finito de elementos materiais (um texto, uma seqüência de sons, uma seqüência de letras, uma composição de côres, uma seqüência gráfica de matizes de cinza etc.). Geralmente, conforme o exprime a prescrição de codificação da teoria da informação, codificamos por meio de "correntinhas", isto é, coordenamos seqüências finitas dos elementos de um repertório às seqüências finitas dos elementos de outro repertório. Dentro dos estados estéticos da língua, as metáforas são em geral codificações que coordenam "correntinhas" mais compridas de palavras (descrições) a outras mais curtas (imagens verbais). Também os valores são codificações abreviadoras; principalmente estados estéticos são reduzidos por meio de valorizações. Expressões como "bonito", "feio", "isto me agrada", "agradável", "sublime", "original", "perfeito", "bom", etc., são, na linguagem cotidiana, palavras de código para descrições numèricamente explicáveis de objetos artísticos.

11. Temática sujeito-objeto

Censura-se a estética matemática e tecnológica por coisificar a obra de arte, reduzir seus momentos subjetivos e introduzir, no processo de criação artística humanamente íntegro, o princípio da divisão do trabalho e do *teamwork,* sobretudo com os processos algorítmicos da estética gerativa.

Sob certo aspecto isto tudo é sem dúvida verdadeiro, mas não se deve formulá-lo como censura e sim como constatação. Seria fácil demonstrar que, para o desenvolvimento da produtividade artística do ser humano, foram mais decisivas as formas de pensamento construtivas e matemáticas do que as conteudísticas e metafísicas. Sobretudo o surgimento e a história da arte, da literatura e da música modernas, mostram claramente o atraso das últimas formas de pensamento mencionadas em relação às primeiras. A diferenciação vital e intelectual do mundo em uma temática *ontológica do objeto* e uma temática *ontológica do sujeito*, à qual corresponde a distinção entre o aspecto matemático e o metafísico, é uma das primeiras manipulações epistemológicas do homem, que não só possibilitou a formação das modernas ciências naturais exatas, como ainda a sua conseqüência, a realidade construtiva da civilização técnica.

"Êste par de oposições subjetivo-absoluto e objetivo-relativo contém, a meu ver, uma das vistas mais fundamentais da teoria do conhecimento", escreveu Hermann Weyl em sua *Filosofia da Matemática e das Ciências Naturais* (1929). Mas êste par fundamental de oposições vale não só para as manipulações epistemológicas, como também para as manipulações estéticas do homem. Também aqui determina criação e reflexão. Ao tirar-se dos objetos artísticos e dos seus estados estéticos o caráter de valores absolutos, reduziram-se igualmente os seus momentos subjetivos. Mas, num desconhecimento descomunal da situação de princípio, prosseguiu-se interpretando dentro da concepção metafísica e histórica da arte a temática subjetivo-absoluta, enquanto que a sua *referência* estética *material* e *criativa* há muito demonstrava a temática objetivo-relativa. O estado da crítica de arte comum e a falta de uma história crítica da arte fixam, ainda hoje, esta má interpretação da situação de princípio. A noção de que o pensamento pressupõe a *unidade transcendental do eu* é tão falha, ontològicamente, quanto a suposição de que a geração de objetos estéticos implica a unidade criativa do sujeito. Ademais, há a considerar a indeterminação de uma separação entre *consciência em geral* e *mundo em geral*. Isto se tornou evidente com a concepção cibernética e teórico-informacional do conhecer, também não mais permitindo uma diferenciação nítida entre o sujeito gnoseológico e o objeto gnoseológico. Uma outra dificuldade foi revelada por Gotthard Guenther: "A conexão objetiva" (que está naturalmente em questão quando, afinal, se reflete sôbre a diferença sujeito-objeto) "é sempre a conexão-isto [*Es-*

Zusammenhang]* na qual não se pode lògicamente constatar uma diferença entre objetos objetivos e sujeitos subjetivos". As temáticas-do-sujeito e do objeto podem ser postuladas e manipuladas, portanto *interpretadas,* mas *nunca observadas* e *medidas* puramente como tais. Trata-se de *categorias de intepretação* e não de *categorias do ser.*

Só a partir de tais pressupostos pode-se dizer que a moderna estética informacional matemática, material e gerativa, tenha tematizado, em modo *objetivo,* o produto artístico e seu estado estético, e que incorpore a produção artística ao sistema comunicativo da realidade artificial de nossa civilização.

---

* N. do O.: *Es* pode também ser traduzido pelo pronome *se,* em função impessoal ou indeterminada.

Epílogo

A reelaboração do mundo pelo trabalho humano, o processo da civilização, não constitui apenas um fenômeno exterior, mas também um fenômeno interior, tendo afetado nossa consciência global, que dêle desfruta e o sofre. Esta, por meio de suas possibilidades criativas e imitativas, comunicativas e separadoras, realiza a construção teórica e fática da civilização como uma *realidade artificial,* por nós habitada.

Esta consciência teórica transportou o mundo dado, a sua compreensão analítica e sintética, de um estado metafórico a um estado matemático, e continuará a transformar seus campos problemáticos em campos sistemáticos. O que é decisivo não é a descrição matemática do mundo, mas a sua construtividade de base conquistada a partir dela, a antecipação planejada de uma realidade artificial futura mais ou menos suscetível de perfazimento, na qual o homem é possível como ser tanto vital quanto inteligível.

Neste passo, deparamos com o problema geral do ambiente e com a *teoria do ambiente* como uma teoria geral da realidade artificial, na qual aquilo que até aqui foi tido como configuração ambiental e explorado apenas de maneira fragmentária, funciona agora como disciplina especial. Partindo da diferenciação evidente entre ambiente natural e artificial, dado e configurado, a teoria geral do ambiente terá de distinguir sobretudo entre ambiente físico, biológico, social, comunicativo, técnico e estético. Quanto mais artificialmente forem realizados os ambientes, tanto mais claramente estarão participando de sua construção, além dos repertórios e categorias materiais, também os inteligíveis. A maioria dos ambientes não se apresentam em estado puro, de maneira nítida, mas representam antes campos de intersecção ou, ao menos, campos vizinhos. Só alguns poucos dentre êles são excludentes. Ambientes artificiais são sempre campos de intersecção e de vizinhança de ambientes físicos, técnicos e estéticos.

A estética matemática serve de base à estética gerativa e, portanto, construtiva de *ambientes estéticos*. Isto justifica seu surgimento e sua necessidade no mundo-de-vida (*Lebenswelt*) moderno. Só mundos antecipáveis são programáveis, só mundos programáveis são construtíveis e humanamente habitáveis.

Pequena Antologia Bensiana

*organizada, apresentada e
traduzida por Haroldo de Campos*

HELMUT HEISSENBUETTEL e MAX BENSE
na Mostra de Poesia Concreta Brasileira,
Livraria Eggert, Stuttgart, 1963.
Foto George Bense

1. Montagem: Max Bense
no seu quinquagésimo aniversário

O filósofo da estética e crítico Max Bense, nascido em Estrasburgo, Alemanha, em 1910, completou no dia 7 de fevereiro seu qüinquagésimo aniversário. Esta página, à maneira de homenagem, imaginou apresentar uma coletânea-montagem de textos seus, inéditos no Brasil, constantes do original alemão de algumas de suas obras principais. * A seleção foi feita tendo em vista uma certa unidade de interêsses: trechos e tópicos referentes à arte concreta, ao conceito de concreto, à

* Êste trabalho foi publicado em 6 de abril de 1960, na página "Invenção" do *Correio Paulistano*, São Paulo.

idéia de uma obra de arte integral (compreendendo as de concreção e redução), ao problema do objeto e da função, à comparação processual entre concretismo e tachismo, e, finalmente — na íntegra — o texto fundamental sôbre informação e estrutura. Os fragmentos foram por mim titulados de acôrdo com seus temas e numerados, figurando ao pé de cada um a fonte respectiva.

A estética de Max Bense — quaisquer que sejam as discussões e dissensões que possa despertar — é uma estética em situação, que se arma do arsenal conceitualístico e metodológico da teoria da informação e da semiótica modernas para a abordagem dos problemas da arte de invenção. Já tentei dar uma visão panorâmica dessa estética — sua posição metódica e sua dimensão prática (verificativa ou crítica) — através dos artigos que publiquei no "Suplemento Literário" de *O Estado de São Paulo* ("A Nova Estética de Max Bense: I — Crítica e Obra de Invenção"; II — A Categoria da Criação", respectivamente em 21/3/59 e 4/4/59).** Agora, tão sòmente no intuito de imprimir a esta montagem uma feição didática e de facilitar a compreensão dos textos fora da moldura orgânica dos contextos originais, procurarei indicar e resumir alguns dos conceitos-chave manipulados por Bense nos excertos selecionados.

Inicialmente, a arte é definida por Bense como um *processo de signos*. O *signo,* por sua vez, como "outro ser" (Hegel), "segundo ser" (Kierkegaard), "intermediário" (Charles Morris), ou ainda "ser incompleto". Seu *modo* não é o da *realidade,* mas o da *correalidade.* A todo *processo de signos* corresponde um *sistema-suporte físico.* Assim, no que diz respeito aos signos visuais, o *sistema-suporte* seria constituído pelas côres, linhas, formas, etc.. É este o ponto de partida para a distinção bensiana entre os processos do tachismo e do concretismo (*Texto 3*). No tachismo haveria uma *redução do signo ao suporte,* surgindo então como que *signos-reais físicos, sinais;* na arte concreta, ao contrário, haveria uma *absorção,* uma *abolição ôntica* do suporte pelo signo, aparecendo as *puras significações,* ou seja: a fisicalidade é sobrepujada pela organização intelectual. Analisando o problema do *movimento* na

* Artigos republicados em *Metalinguagem,* Editôra Vozes, Petrópolis, 1967 (2.a ed., 1970).

arte concreta (Bill, "Quadrado Branco") e no tachismo (Michaux, "Série Mescalina"), do ponto de vista da *formação dos signos,* diz Bense que, no primeiro caso, haveria um *movimento de significação,* e no segundo um *movimento de expressão.* Guardadas essas diferenças básicas, estaríamos, porém, diante de obras de arte *reduzidas ao essencial estético, à temática-de-signos,* ou seja, cujo tema é o próprio processo de signos que nelas se desenrola (*Texto 1*).

Dentro do campo da arte concreta, Bense se detém (*Textos 4/5*) no exame da obra de Max Bill e de Vordemberge-Gildewart. Neste exame utiliza os conceitos de *"gestalt"* e *estrutura,* tais como os formulou no terceiro volume de sua Estética (*Aesthetik und Zivilisation*): ambos dizendo respeito à *temática-de-signos;* no primeiro caso, *o signo sublinha um processo estético integrativo* (*totalidade, gestalt*); no segundo, um *processo reduplicativo* (*estrutura*).

Outro instrumento da análise estética praticada por Bense é a distinção entre *entropia* e *informação* (*Texto 3*), derivada da cibernética e da teoria da informação. *Entropia* entendida como a *medida para a probabilidade termodinâmica, que determina o grau de desordem, no sentido de distribuição uniforme* (igualmente provável) *dos elementos de um sistema* (característica dos *cosmo-processos físicos*); *informação* equivalendo à *medida para o grau de ordem, correspondente a uma distribuição improvável, selecionada, excepcional, original de elementos* (característica dos *cosmo-processos estéticos*).* No tachismo, dada a alienação do *processo estético* à fisicalidade, ocorreria, como observa Max Bense alhures, uma *crescente entropia na distribuição das partículas de côr e forma,* um consequente *declínio*

---

* Bense formula êstes conceitos em *Aesthetische Information,* Agis-Verlag, 1956, pp. 48-49, com base na termodinâmica e na cibernética. Mas é possível enunciá-los de outro ponto de vista, com apoio na teoria matemática da comunicação de Shannon e Weaver, como o próprio Bense o faz em outros passos. No primeiro caso, tem-se em conta a organização de um sistema: a informação (entropia negativa, neg-entropia) é a medida de seu graù de organização (conteúdo informativo), enquanto a entropia mede-lhe o grau de desordem. No segundo caso, toma-se como ponto de referência uma fonte de informação, e entropia designa a "medida da informação", a medida do "grau de acaso": nesse sentido, se uma situação é altamente organizada, não se caracteriza por um alto grau de escolha, e assim a informação (medida pela entropia), é baixa; nesta segunda acepção, manipulada preferencialmente por Bense na *Pequena Estética,* entropia não é o oposto mas sim pràticamente o sinônimo de informação, e o máximo possível de informação se confunde com o máximo de entropia (acaso, situação caógena). Ver, a respeito, o que escrevi em "A temperatura informacional do texto", *Teoria da Poesia Concreta,* edição Invenção, São Pauló, 1965.

da informação, escasseando a *organização intelectual* e sobejando a *organização física, cosmológica, natural*. Se esta arte pode ainda ser vista como *concreção* (sob o prisma de sua materialidade, daquelas "ocasiões materiais" de que fala M. Porebski introduzindo, na 5ª. Bienal, o setor informalista da representação polonesa, numa fórmula que melhor se aplicaria — observa Décio Pignatari — ao caso exemplar de Burri) então seria a hipótese de uma *concreção destrutiva,* aventada por Bense no *Texto 1,* em contraposição à *concreção construtiva* programada pela arte concreta.

Os tópicos sôbre *objeto* e *função* (*Texto 2*) completam-se naturalmente com o *Texto 6,* onde a obra de arte é considerada como *informação sôbre estrutura.* Fixa Bense a obra de Cézanne como marco histórico-evolutivo dessa nova concepção nas artes plásticas. Transpondo o problema para o campo da poesia, poderíamos remontar a 1897, ao poema constelar "Un Coup de Dés" de Mallarmé.**

Finalmente, o exame comparativo do conceito de *concreto* na crítica dialética de Lukács e na teoria de Max Bill. Neste passo, Bense mostra como a crítica de Lukács, se desvinculada dos preconceitos burocráticos do "realismo" simplista (por cujos cultores ortodoxos é tida, aliás, como "revisionista"), pode ganhar sentido prospectivo (*Texto 7*). Ocorreria apenas lembrar, para ilustração do problema, que um dos primeiros manifestos da arte construtiva — o dos irmãos Gabo e Pevsner, lançado em Moscou, em 5 de agôsto de 1920 — se denominava "Manifesto Realista" (*Realistítcheskii Manifiest*).

HAROLDO DE CAMPOS

Texto 1 — A obra de arte integral: concreção e redução

Surge agora o problema de uma obra de arte que, efetivamente, seja total e integralmente obra de arte. O problema de um objeto que, sob todos os aspectos, seja

---

* Cf., por exemplo, o estudo de Jean Hyppolite, "Le *Coup de Dés* de Stéphane Mallarmé et le message", *Les Études Philosophiques* (Le Langage), Presses Universitaires de France, Paris, n. 4. 1958. Hyppolite examina o poema de Mallarmé com auxílio do conceito do "demônio de Maxwell", da mecânica estatística, exposto por Norbert Wiener, *Cybernetics* (*Cibernética,* trad.-brasileira de Gita K. Ghinzberg, Editôra Polígono, São Paulo, 1970, pp. 87-89).

um ser estético. Percebe-se com facilidade que a obra de arte clássica estava tão vinculada a êste problema quanto a moderna. Todavia, nas artes plásticas, na poesia e na literatura de hoje, a dificuldade é colocada de maneira muito mais consciente. No que se refere à pintura e à escultura, parece-me que a arte concreta, sobretudo, concentra seu programa estético nesta problematicidade ontológica da produção artística e procura criar sistemàticamente obras de arte que tenham ser estético total e integral, apresentadas como um todo, no sentido da conjugação de signo e suporte.* É este, sem dúvida, o significado da "concreção" de que fala Max Bill. A concreção realiza a idéia que a precede de maneira construtiva ou não construtiva. Quanto mais pura a idéia nas côres e formas ou nas relações de côr e forma — por exemplo no tema das "Linhas de igual comprimento" ou do "Jôgo Vermelho-Azul" — tanto mais pronunciadamente irrompe a temática-de-signos, autônoma e livre de suporte. Isto significa que se forma um produto estético que possui caráter estético como um todo, quando não se trate do aparecimento de signos estéticos elementares, por assim dizer.

Tais concreções, no sentido de uma redução do processo estético a signos completos, conduzem naturalmente a obras de arte reduzidas. Estas, sem dúvida, não estão apenas nas intenções da arte concreta. À luz de seu pressuposto, também, tornam-se compreensíveis certos desígnios da poesia de Gertrude Stein e da prosa de James Joyce.

(de "Makroaesthetik und Mikroaesthetik", em Aesthetische Information, Agis-Verlag, Krefeld und Baden-Baden, 1956).

Texto 2 — Objeto e função

Com a introdução na temática-de-signos da microestética, transforma-se a fundamentação metafísica: em lugar de uma ontologia clássica de objetos (categorial), surge uma ontologia não clássica (esquemática) de funções.

Servem de exemplo desta posição a teoria e a realidade da "arte concreta". As obras de Bill, Vantongerloo, Vordemberge-Gildewart e outros mostram, com

---

* Traduzi aqui por "suporte" a palavra *Traeger*, que, na *Pequena Estética*, foi vertida pelo têrmo "portador", igualmente cabível.

TÚMULO DE MALLARMÉ
em Samoreau

Foto Marco Antonio, 1970

estado estético —, nos dá o texto como portador de informação estética, no qual palavras e sentenças podem ser identificadas como produtos poéticos, a função estética de um texto manifesta-se, pelo menos em princípio, linearmente, e o estado estético de um texto desenvolve-se mediante a distribuição de freqüências num fluxo de signos unidimensional.

Sòmente a percepção, ou seja, a pura descoberta sensível de um texto, pode substituir a linha do texto por uma superfície textual, e, pois, compreender o texto como uma multiplicidade bidimensional, que se compõe de linhas e colunas, dentro das quais êle pode, de nôvo, ser arranjado estatística, seletivamente. Dessa maneira produz-se aquilo que E. Walther, em relação a um dado texto de Francis Ponge, denominou pela primeira vez, sintèticamente, textos visuais. Trata-se de textos que, em essência, se desenvolvem de maneira bidimensional ao invés de unidimensional, cujo fluxo de signos e de informação deve ser considerado como um acontecimento sôbre o plano, não sôbre a linha, que, portanto, precisam ser vistos, observados, para serem percebidos e compreendidos. E. Walther separa, conseqüentemente, a superfície textual material da fenomenal. Superfícies textuais materiais são as formadas pelos assim chamados *textos concretos,* tais como os escritos por Gomringer, Haroldo de Campos e outros (existem, de resto, textos concretos lineares, como os escritos, por exemplo, por H. Heissenbüttel); superficies textuais fenomenais ocorrem quando a ordenação do texto codifica uma vez mais sua informação semântica, como, por exemplo, no caso do texto *L'Araignée,* de Francis Ponge, o qual foi disposto de tal arte por Jean Aubier que a tipografia antecipa simultâneamente certos traços do conteúdo. De certo pode-se falar aqui também de superfícies textuais estatísticas e semânticas. Os textos concretos tendem em geral para as superfícies textuais estatísticas, portanto, para uma distribuição dos elementos na superfície primacialmente segundo um ponto de vista estatístico. Os textos conteudísticos tendem, quando surgem como textos visuais, à superfície textual semântica. *

N. do O.: Ver, mais adiante, em "Poesia natural e poesia artificial", a nota sôbre a semanticidade da poesia concreta brasileira, cujos produtos parecem participar, simultâneamente, das duas modalidades de textos visuais estudados por Bense.

Esquemas de rima, formas de verso não desenvolvem de resto, em essência, nenhuma superfície textual, mesmo quando, tradicionalmente, pareçam compelir os textos poéticos a uma tipografia bidimensional. Coisa diversa acontece com os textos de propaganda. Êles devem ser perceptíveis, dizem algo; mas, o que dizem, é dito primeiramente como perceptibilidade, palavras, sentenças, são aqui superfícies presentativas. Todo anúncio exibe, pois, em geral, não apenas uma superfície-imagem visual, mas também uma superfície-texto visual e esta pode fazer bom uso tanto de meios concreto-estatísticos como conteudístico-semânticos, servindo assim seja às realizações estéticas, seja às codificações comunicativas.

Vê-se fàcilmente que a superfície-texto visual em geral transforma, 'codifica para falarmos mais precisamente, o fluxo do texto linear. E. Walther chamou a atenção para o fato ˙de que a formação da superfície-texto codifica o texto como todo, isto é, a formação da superfície-texto diz respeito à transformação de um texto em supersigno, em supertexto. A isto se vincula, naturalmente, uma diminuição do valor informacional estatístico, o que não exclui que êste, como valor informacional estético, sòmente assim se torne apreensível.

Deve-se estabelecer uma distinção fundamental entre duas modalidades de tipografia, quando se considera a organização tipográfica de um texto como formação do supertexto: uma tipografia que deixa determinar o valor informacional estético do fluxo de signos através do declínio [Absinken] do valor informacional estatístico das linhas pela síntese no supersigno linear, e uma outra, que determina o valor informacional estético da superfície-texto bidimensional ou do texto-multiplicidade através da formação do supertexto a partir da matriz textual de linhas e colunas. Assim se reconhece de resto também que, com a formação de valores informacionais semânticos e estéticos, de fato são consumidos puros valores estatísticos. Parece, todavia, que uma certa complementaridade entre percepção e apercepção [Apperzeption] * chega

---

* N. do O.: Bense usa êste têrmo no sentido filosófico de percepção atenta, percepção acompanhada de consciência, por oposição à percepção simples. Na acepção kantiana, a apercepção transcendental é a pura consciência e condiciona a apercepção empírica.

aqui a um ajuste, de tal arte que, com o crescente fluxo de percepção, diminui a corrente significativa de uma informação originária, e para a consciência a significação de uma informação tanto maior (mais profunda, essencial, envolvente) será, quanto menos percepções a condicionarem. Parece-me também que isto se contém na hipótese de Weaver, de que informação e significação apresentam grandezas complementares, portanto descrevem traços mùtuamente excludentes de uma única situação.

Com a definição dos textos visuais, a teoria geral do texto passa a uma teoria geral da imagem. Não mais a mínima, indecomponível, unidade-texto (unidade de um fluxo de signos discreto, semântico ou estético, de ordenação linear), mas a mínima, indecomponível, unidade-imagem (unidade de um fluxo de signos discreto, semântico ou estético, de ordenação não-linear), com tôdas as questões específicas de realização, ou seja, de valia e complexidade, coloca-se aqui em debate. Conseqüentemente, trata-se de problemas que, neste livro, dedicado ao texto, não podem ser examinados.

Por certo, não é difícil compreender, quer como imagem, quer como texto, uma realização delimitada (codificação ou decodificação) de mensagens semânticas ou estéticas, porém, na verdade, a teoria geral (estatística e informacional) da imagem está ainda muito pouco desenvolvida em relação à teoria geral (estatística e informacional) do texto, e aqui só se pode ter uma idéia dela. Contudo, eu gostaria de sugerir que o conceito *peinture,* veiculado de longa data (e que, ademais, tem ao mesmo tempo natureza geral, abstrata e material), na teoria geral da imagem corresponderia àquilo que, na teoria geral do texto, se admite como *texto*.

("Visuelle Texte", *Programmierung des Schoenen* — Aesthetica IV, Agis-Verlag, Baden-Baden und Krefed, 1960. Tradução brasileira: Suplemento Dominical do *Jornal do Brasil,* Rio de Janeiro, 26 de janeiro de 1961).

4. Poesia natural e poesia artificial

É possível contribuir para a clarificação de um conceito geral de poesia, fazendo-se uma distinção entre poesia natural e poesia artificial. Em ambos os casos, trabalha o poeta com palavras, suas derivações, que podem ser consideradas como deformações em relação a um espaço verbal de base, e suas seqüências, ordenadas de maneira linear ou no plano. De nosso ponto de vista, a diferença reside essencialmente no modo de produção.

Como poesia natural se entende aqui aquela poesia — é o caso clássico e tradicional — cujo pressuposto é uma consciência poética pessoal, na expressão já usada por Hegel; uma consciência que possui vivências, experiências, sentimentos, lembranças, pensamentos, representações de uma faculdade imaginativa, etc., numa palavra, que possui um mundo preexistente e se presta a nos oferecer uma expressão verbal dêle. Sòmente nesse quadro ontológico pode existir um eu lírico ou um mundo épico fictivo. A consciência poética, nesse sentido, é, em princípio, transpositiva, a saber: o ser [o existente, *Seiendes*] em signos, e o complexo dêsses signos é denominado linguagem [*Sprache*], envolvendo, metalingüìsticamente, uma relação com o eu e um aspecto-do-mundo. Nessa poesia natural o escrever não cessa de ser um processo ontológico. Cada palavra, que ela expressa, sucede à experiência do mundo de um eu, e mesmo a posição estética assim atribuída a cada palavra pode ser compreendida, ainda, como um reflexo dêsse mundo.

Como poesia artificial, ao contrário, se entende aqui aquela espécie de poesia na qual — na medida, inclusive, em que ela seja produzida por meios mecânicos — não há nenhuma consciência poética pessoal, com suas experiências, vivências, sentimentos, lembranças, pensamentos, representaçõs de uma faculdade imaginativa, etc.; em que não há, portanto, nenhum mundo preexistente e em que o escrever não é mais um processo ontológico, através do qual o aspecto-do--mundo das palavras possa referir-se a um eu. Em conseqüência, não se extraem na fixação lingüística dessa poesia nem um eu lírico nem um mundo épico fictivo. Enquanto que, para a poesia natural, um início intencional do processo verbal é característico, para a poesia artificial só existe uma origem material.

Evidentemente, as diferenças aqui apresentadas valem, em princípio, apenas para tipos ideais. Sòmente aproximações a êsses tipos têm, provàvelmente, existência efetiva. Por exemplo, como resultado da precisão com que ritmo e metro sejam manipulados, podem aparecer, também na poesia natural intencional, traços materiais de uma poesia artificial.

No que diz respeito aos exemplos de poesia artificial realizada, que, como no caso de seleção por meios mecânicos, deixam que o processo verbal se desenrole de maneira exclusivamente material e sucessiva, é conveniente falar, simplesmente, em *textos,* e, com êste conceito, indicar a forma genérica de poesia nêles alcançada. *Texto* caracteriza, portanto, tôda seqüência ou ordem de palavras que, seletiva e contingentemente, resulta de um espaço textual (repositório vocabular) de base, permitindo determinadas deformações na palavra isolada.

Os programas para a realização de tais textos na poesia artificial podem desenvolver-se em três direções principais: estatística, estrutural e topológica. No programa estatístico se utilizam determinadas distribuições de freqüências das palavras para a formação das seqüências verbais selecionadas, programando-se, portanto, essas distribuições de freqüências; no programa estrutural, estrutura-se (macrolingüìsticamente) a seqüência selecionada de palavras, fazendo com que nela sejam lícitas sòmente classes de palavras (verbos, substantivos, adjetivos, etc.) bem determinadas, ou preestabelecendo determinadas ordens de palavras selecionadas na superfície; no programa topológico, as palavras são escolhidas com base em relações de vizinhança e em deformações ou classes de deformações nelas introduzidas. Por deformação se entende tôda transformação de uma palavra em relação à sua existência no espaço verbal original de base (vocabulário do repositório de palavras).

Como se vê, os programas partem de propriedades de freqüência, de propriedades de classes e ordenação e de propriedades de vizinhança e deformação. Textos característicos de uma programação estatística são, por exemplo, as conhecidas aproximações-ao-texto de Shannon; a seleção de seqüências de palavras para os fragmentos de texto desenvolve-se de maneira gradual, colhendo no repertório distribuições de freqüências diferentes, mas cada vez mais próximas de um texto efetivo; o texto consiste portanto de fragmentos de texto isolados, dentre os quais os primeiros parecem totalmente arbitrários e os últimos vão diminuindo em arbitrariedade. Trata-se de séries estocásticas de textos, que revelam a estrutura estatística das cadeias de Markov. Textos característicos de um programa estrutural são as seqüências de palavras seriais de Gertrude Stein e Helmut Heissenbüttel, ou, também, as constelações de palavras na superfície da poesia concreta de Eugen Gomringer e do grupo brasileiro "Noigandres". Textos característicos de uma programação topológica, no que toca à seleção de determinadas relações de vizinhança, são encontradiços tanto nas escolhas de bi, tri e tetragramas das aproximações de Shannon, como na poesia serial (Gertrude Stein) e na poesia concreta ("Noigandres", E. Gomringer, G. Rühm); textos, cujo programa estético repousa conscientemente na deformação topológica, foram publicados por Max Bense. Evidentemente, tais programações só são separáveis de um ponto de vista ideal. No quadro da realização fática da poesia artificial, seja por meios de escrita (seleção) normais ou maquinais, uma ou outra dessas programações predomina, mas pelo menos uma das remanescentes ainda se introduz. Podemos chamar tais programas "programas materiais", uma vez que seus "temas" se prendem completamente ao mundo próprio do material, portanto ao espaço verbal consistente de palavras como elementos. Isto corresponde claramente à formação de "seqüências", "séries", "aproximações", "freqüências", "classes", "deformações" etc.. A poesia resultante pode ser assim caracterizada como matemática, de vez que a programação se processa matemàticamente, isto é, através de elementos de determinação matemática, como "seqüências", "classes", "freqüências", "conjuntos", "subconjuntos", "agrupamentos de Boole" etc. O têrmo cibernética é empregado para a poesia artificial, quando a seleção (o "escrever") é efetuada de maneira maquinal, ou seja, com o concurso de computadores eletrônicos dirigidos por um programa. Exemplos de poesia artificial cibernética foram publicados no n. 6 da série de cadernos ROT (Grupo de trabalho de Stuttgart).

Parece-me possível agora indicar outras diferenças entre poesia natural e poesia artificial. Na poesia natural, determinadas classes de palavras (por exemplo, substantivos, verbos e adjetivos) gozam de uma certa posição preferencial em relação à formação do conteúdo semântico, que em geral comparece como portador do estético. Na poesia artificial, ao contrário, uma vez que a realização material das palavras ou das seqüências de palavras coincide com a estética, o conteúdo semantico não é considerado para êsse fim, tôdas as palavras estão *a priori* em posição de igualdade. * Corolàriamente, é de se observar ainda o seguinte: a poesia natural pode e deve ser interpretada, porque na maioria das vêzes só com a interpretação se tornam perceptíveis, de um lado, a relação com o eu, e, de outro, o aspecto-do-mundo que há nas palavras, concluindo-se, assim, o processo comunicativo. Como a essência da interpretação consiste, primacialmente, no estabelecimento da relação com o eu e do aspecto-do-mundo de um texto, ou seja, no apêlo ao que chamamos processo ontológico (o que não existe na poesia artificial), para esta uma interpretação não tem sentido. A poesia artificial contém em geral muito maior número de componentes não-comunicativas do que a poesia natural, pelo menos no que tange à informação semântica realizada.

Abrimos assim a discussão estética do nosso problema. Evidentemente, tôda realização estética distingue-se por suas componentes especìficamente não-comunicativas. Provàvelmente, são precisamente essas componentes que caracterizam a construção da informação estética original.** A estética informacional mostra que a informação estética, diferentemente da semântica, não é codificável, sòmente realizável.*** Na poesia artificial, pode-se dizer, os totais de informação estética, — na hipótese ideal em que não conservem nenhum portador semântico no sentido habitual (predicados, representações), — aparecem como puros totais de realização. Em qualquer caso, só é possível uma poesia artificial pura, absoluta, na medida em que não se pressuponham nela significados prefixados, com caráter producente; ela tem, por assim dizer, como os signos, não um poder essencial, mas um poder colocador de existência, ela realiza as palavras e seus co-

---

* *N. do O.*: Estas observações parecem válidas, sobretudo, para o caso dos poemas puramente gráficos (Diter Rot, p. ex.) ou puramente fônicos (sonorismo, letrismo, poesia fonética). Na poesia concreta brasileira o parâmetro semântico sempre foi um dado decisivo da composição. Bense, aliás, frisou em passagem anterior dêste estudo que certas diferenças vigem apenas no plano ideal.

** *N. do O.*: É o que verificam hoje, bem depois de Benses, os semiólogos russos do grupo de Tartu (I. Lotman e A. M. Piatigórski), quando sustentam: "É justamente o grau zero da mensagem linguística global que revela o alto grau de sua semioticidade enquanto texto" ("O texto e a função", Colóquio de Tartu, maio de 1968).

*** *N. do O.*: Em meu ensaio "Da tradução como criação e como crítica", *Metalinguagem*, cit., procurei examinar o postulado bensiano da impossibilidade de uma codificação estética em suas implicações para uma teoria da tradução.

nexos como materiais lingüísticos, não como portadores lingüísticos de significado. Disto resulta de maneira clara que a poesia artificial, em princípio, graças a suas componentes não-comunicativas, é uma pura poesia de realização. Pois só o significado é traduzível (e correspondentemente codificável), não porém a realização.

Uma interpretação, portanto, nada mais é do que a extração de uma informação de outra informação e, em verdade, das componentes semânticamente acessíveis, comunicativas, desta. A interpretação refere-se a características redundantes. A redução de uma informação seletivamente realizada a seus alicerces redundantes (altamente freqüentes), a seus portadores de significado, é o sentido da interpretação. A redução a significados é a função redutora de tôda interpretação. Uma interpretação das componentes estéticas de uma informação (ou seja, uma interpretação estética) seria a produção de uma informação semântica a partir de uma estética, logo a tradução de características inovadoras (de baixa freqüência) da informação seletivamente realizada em redundantes (de alta freqüência), o que equivaleria a uma abolição da informação estética. Coerentemente, uma informação estética sòmente poderia ser interpretada se dela fôsse extraída uma outra informação estética. Aqui, então, pode-se apenas chegar ao conceito de interpretação estética no seu sentido próprio, o qual porém, não é passível de verificação. * Caberia, agora, chamar a atenção sôbre o seguinte: ocorrem, evidentemente, na poesia artifical, seqüências de palavras (nos textos tipo "cadeia de Markov", por exemplo) que proporcionam um sentido. Meyer-Eppler, nesses casos, falava de "textos reais". A poesia artificial pode assumir, então, os traços da poesia natural. **

Com respeito ao conceito de interpretação, há que distinguir entre mundo de significado arbitrário e não-arbitrário. Aquêle depende de uma vontade a ser interpretada, êste não; aquêle foi prefixado, êste não. Nesse sentido, todo mundo épico-fictivo é arbitrário,

* N. do O.: Esta "interpretação estética" no seu sentido puro seria, talvez, exemplicável com a poesia metalingüística, o poema sôbre o poema, o texto que reflete a sua própria geração textual.
**N. do O.: Ver a observação que fiz sôbre o aspecto semântico da poesia concreta brasileira.

assim como o mundo real do eu lírico (ver, a propósito, K. Hamburger, *Logik der Dichtung*). Na poesia artificial, porém, ainda que se pudesse insinuar algo de um mundo épico-fictivo ou lírico-real, ambos permaneceriam não-arbitrários. Através do modo da não--arbitrariedade, o mundo que se pode preparar a partir da poesia artificial diferencia-se daquele que se pode preparar a partir da poesia natural. É lícito também falar de uma interpretação não-arbitrária em relação a uma outra, arbitrária.

> ("Ueber natürliche und künstliche Poesie", *Theorie der Texte*, Kiepenheuer & Witsch, Colônia, 1962. Tradução brasileira: Suplemento Literário de *O Estado de São Paulo*, 10 de outubro de 1964; *Invenção*, ano 3, n. 4, dezembro de 1964).

5. Poesia concreta

Por ocasião do número especial de "noigandres", dedicado aos dez anos de existência do grupo brasileiro de poesia concreta.

Têm-se freqüentemente razões para distinguir entre um conceito de literatura convencional (clássico) e outro progressivo (não-clássico). O conceito convencional de literatura aferra-se, na evolução da literatura, àqueles elementos e características de cunho permanente, persistente, mais ou menos constante; orienta-se, portanto, pelo herdado, pelo tradicional. O conceito progressivo de literatura esteia-se no entendimento de que é plenamente cabível transferir para o campo do trabalho literário o conceito de progresso; refere-se aos novos elementos e características que vão emergindo e inclui a descoberta e a experimentação dos mesmos na atividade literária. Naturalmente, as diferenciações não são sempre nítidas e de precisa demarcação. Limitar-nos-emos aqui a acentuar que, no conceito convencional de literatura, põe-se a ênfase na função comunicativo-social da mesma, enquanto que, no conceito progressivo, se enfatiza sua função experimentativo-intelectual. Nessa acepção, a função comunicativo-social leva em conta, por exemplo, problemas de "entretenimento", ao passo que a experimentativo--intelectual está interessada principalmente na ampliação do "mundo inteligível". Em ambos os casos, porém, como é evidente, o essencial é a "participação de uma realidade estética". A obra de Ernest Robert Curtius *Literatura Européia e Idade Média Latina* demonstra, por exemplo, um conceito convencional de literatura. A "poesia concreta" do grupo brasileiro "noigandres", ao contrário, fornece um exemplo do conceito progressivo. A afirmação de Curtius de que "a literatura européia é uma *unidade de sentido*" diz respeito ao conceito convencional de literatura, assim como sua noção de "um *presente eterno*,... essencialmente peculiar às Letras" ou a de que "a literatura do passado pode continuar cooperando no presente". Em contraposição, surge o conceito progressivo de literatura da poesia concreta quando, em seu manifesto — "Plano pilôto para poesia concreta", elaborado por Augusto de Campos, Décio Pignatari e Haroldo de Campos, admite-se como ponto de partida "que o ciclo histórico do verso (como unidade rítmico-formal) está encerrado". Devo acrescentar que, na moderna estética abstrata e exata, para a qual a natureza da realidade estética reside não numa especial "essência" (relativa à temática-do-ser), mas numa especial "informação" (materialmente estruturada), encontra receptividade cada vez maior, a partir de sua idéia central de "inovação", o conceito progressivo de literatura.

O número 5 da publicação do grupo "noigandres" saiu com o título *antologia noigandres* / do verso à poesia concreta (São Paulo, Brasil, 1962), apresentando trabalhos antigos e novos dos seguintes autores, já conhecidos internacionalmente: Augusto de Campos, Haroldo de Campos, Décio Pignatari, Ronaldo Azeredo, José Lino Grünewald. A êles se acrescentem Pedro Xisto e outros nomes. Têm ligações com o grupo da "poesia concreta", ademais, principalmente Mário da Silva Brito, L. C. Vinholes, Wladimir Dias Pino, Edgard Braga, Cassiano Ricardo e Affonso Ávila. Êstes autores parecem reunir-se em tôrno da outra revista que, ao lado de "noigandres", se dedica à poesia concreta, ou seja, em tôrno de *Invenção,* que, de resto, também é editada em São Paulo. Parece-me importante mencionar que, no referido número especial de "noigandres", foram compilados também os primeiros trabalhos poéticos do grupo, que ainda apresentavam as formas, mais tarde superadas, do ciclo do verso clássico. A fronteira da transição está nos primeiros anos da década de cinqüenta. Independentemente das citadas revistas, redigidas pelos principais membros do grupo, os "concretos" colaboram regularmente no "Suplemento Literário" de um conhecido jornal de São Paulo. A equipe organizou também para o "Correio Paulistano", com regularidade, uma página autônoma sob o título "Invenção" (da qual se originou a revista acima citada). No "Suplemento", desde 1957, já eram reproduzidos e desenvolvidos os trabalhos teóricos do grupo. Na página intitulada "Invenção" apresentavam-se as fontes e conexões da nova poesia. Não é surprêsa que nos deparemos nessas publicações com brilhantes ensaios sôbre Joyce, Mallarmé, Pound, Cummings, Ponge, Maiakóvski, Eisenstein e até mesmo Arno Holz (Haroldo de Campos), além de outros. Cuida-se também de pôr em evidência as relações com a semântica geral, a lingüística, a estética estatística, a teoria geral do texto, a gramática estrutural, a pintura concreta e a música estocástica e eletrônica. Constantemente são referidos João Cabral de Melo Neto, o principal poeta, e Guimarães Rosa, sem dúvida o mais importante romancista brasileiro, cujas obras, embora não pertencendo à esfera da poesia concreta, oferecem-lhe todavia um indispensável paradigma de aptidão criativa no sentido poético e de orientação do espírito. Augusto de Campos, num fundamental e abrangente estudo sôbre o romance de Guimarães Rosa, traçou um paralelo lingüístico entre a obra dêste e o

Finnegans Wake de Joyce; no que toca a João Cabral de Melo Neto, devem-se referir, de um lado, seus vínculos formais com Mallarmé, e, de outro, sua predileção pela poesia semântica de Francis Ponge. Em correlação com as manifestações teóricas do grupo, situa--se sua dinâmica atividade de tradução. Muita coisa de Joyce, sobretudo partes do romance *Finnegans Wake*, de Cummings, Pound, Maiakóvski, Ponge e Arno Holz se deve a êsse trabalho dos poetas concretos. Haroldo e Augusto de Campos, Ecila e José Lino Grünewald são conhecidos tradutores. Haroldo de Campos, num importante ensaio aparecido em 1961, dissertou sôbre o problema da transposição de Maiakóvski para o português.

Ao lado das publicações em revistas e jornais, os "concretos" têm lançado, evidentemente, também edições autônomas, em forma de livro. Quase todos os componentes do grupo têm volumes de poesia concreta. Em 1962, foi publicada uma antologia com o título *poesia concreta* em Lisboa. De Décio Pignatari já é conhecido o delgado caderno *o organismo quer perdurar* (1960), onde, de maneira sutil, apenas êste texto se contém e vai crescendo tipogràficamente cada vez mais ao longo de suas páginas, até que, afinal, permaneçam visíveis apenas partes da composição tipogràfica. Pedro Xisto é autor de um belo volume, *haikais & concretos* (1960), que lança uma ponte em direção a antigas formas chinesas. Mário da Silva Brito publicou em 1961 um livro magnìficamente impresso, com um posfácio de Haroldo de Campos. Igualmente José Lino Grünewald, faz já alguns anos, lançou um livro de poemas concretos.

O próprio fato de que as publicações da poesia concreta conjugavam estreitamente formas verbais poéticas e tipográficas levou à introdução de exposições entre as formas de manifestação dêsse grupo. A primeira exposição nacional em São Paulo (e depois no Rio), juntamente com obras de artes plásticas, teve lugar já em 1956. No inverno de 1959, a "Technische Hochschule" (Escola Politécnica) de Stuttgart organizou uma exposição — "Poesia Concreta" — na qual foram exibidas, ao lado das brasileiras, amostras de autores suíços, austríacos e alemães. Parte dêsse material foi apresentada em Tóquio, em 1960, onde L. C. Vinholes e João Rodolfo Stroetter realizaram uma exposição no "National Museum of Modern Art". Em dezembro de 1962, um grupo de Praga dedicado à literatura moderna levou a efeito uma sessão de leitura e discussão de poesia experimental, na qual em grande medida foram analisados exemplos brasileiros. Finalmente, em janeiro de 1963, o círculo latino-americano da Universidade de Freiburg promoveu uma exposição — "poesia concreta do Brasil". Estas exposições, antes de mais nada, fizeram conhecida internacionalmente a poesia concreta. Ademais, seguiram-se publicações em revistas fora do Brasil. No Japão, primeiro na revista *Vou,* especializada em poesia experimental, mas também em *Info,* um periódico de caráter mais técnico-industrial. Na Suíça, Eugen Gomringer que, com suas "constelações", se situa êle próprio no campo da poesia concreta, publicou em suas revistas *spirale* e *konkrete poesie* vários exemplos dos poetas concretos brasileiros. Na Alemanha, principalmente as revistas *augenblick* e *nota* chamaram a atenção para a poesia concreta do Brasil. O caderno n. 7 da série *rot,* que se originou em *augenblick,* foi inteiramente dedicado ao grupo "noigandres".

São Paulo é manifestamente o centro do movimento concreto. No Rio, todavia, encontra-se eventualmente a expressão "neoconcreto". Diz respeito a um grupo que se distingue de "noigandres" sobretudo pelo fato de que seu construtivismo admite, ao lado dos racionais, também elementos irracionais e toma em consideração o folclorismo do país. É mister ainda mencionar que a poesia concreta brasileira mantém contacto com grupos em outros países sul-americanos, como a Argentina, e que possui também boas relações com tendências experimentais correspondentes em países europeus como a Suíça (E. Gomringer), a Áustria (G. Rühm) e a Alemanha (H. Heissenbüttel).

Ademais, como é natural, a poesia concreta brasileira não deve ser encarada independentemente de outras tendências "concretas" do país. Em São Paulo existe um grupo central de "pintura concreta" (Waldemar Cordeiro). No Rio trabalha Lygia Clark em suas peculiares criações de metal, constituídas de chapas de claras formas geométricas, que mediante dobradiças conjugam-se para formar figuras espaciais e móveis. Destacados críticos do país como Mário Pedrosa e Ferreira Gullar promovem essa escultora. Também o mais importante escultor brasileiro, Bruno Giorgi, cujas obras foram recentemente expostas em Roma, Viena e Stuttgart, reduz ocasionalmente seus elementos escultóricos a polígonos "concretos", que êle depois conjuga e solda compondo figuras humanas abstratas. Parece-me supérfluo acentuar que o nôvo urbanismo brasileiro (Niemeyer, L. Costa, R. de Miranda), que se corporifica na nova capital, Brasília, é antes de mais nada também uma expressão do pensamento matemático e funcional da arte concreta, que, como fenômeno geral, não é isolada, evidentemente, das tentativas européias. Na primeira linha Mondrian, Bill e Albers tiveram influxo estimulante. Até na gráfica (A. Magalhães, A. Wollner) e no paisagismo (Burle Max) têm fomento os pensamentos matemáticos e os métodos construtivos do "movimento concreto". Que se acompanharam desde o início, com muita atenção, os esforços da "Escola Superior da Forma" em Ulm, é algo que se faz manifesto.

A esta altura, cabe-me falar sôbre o aspecto teórico das criações da poesia concreta, ou seja, sôbre seus pressupostos estéticos. No que concerne à expressão "concreto", ela pode ser desde logo entendida, como em Hegel, simplesmente como o oposto da expressão "abstrato". O concreto é o não-abstrato. Todo abstrato tem como pressuposto algo, de que foram abstraídos determinados característicos. Todo concreto é, ao contrário, sòmente *êle* próprio. Uma palavra, para ser compreendida de maneira concreta, deve ser tomada como tal, literalmente. Opera concretamente tôda arte cujo material é utilizado em consonância com a materialidade de suas funções e não no sentido de representações translatas que circunstancialmente poderia assumir. De certa maneira, a arte *concreta* poderia, portanto, ser entendida também como arte material.

O "plano pilôto para poesia concreta", divulgado pelo grupo "noigandres", reconhece a materialidade *verbal, vocal* e *visual* da palavra e da linguagem. Não se trata, porém, de criar um âmbito informacional lingüístico rotineiro, que convencionalize os significados, usufruindo da função verbal da palavra. A palavra é por assim dizer manipulada em três dimensões simultâneamente: verbal, vocal e visual. O âmbito informativo é, do ponto de vista material, tridimensional. A palavra tem, concomitantemente, valor posicional verbal, voçal e visual. Êste é o fundamento segundo o qual uma palavra, a ser empregada em um "texto", ou seja, na formação de um conjunto de palavras, não deve ser escolhida de conformidade com seu papel numa possível sentença. As sentenças não são a meta dos textos concretos. Trata-se de criar conjuntos de palavras que, como todo, representem um âmbito informativo verbal, vocal e visual, um corpo lingüístico tridimensional, que é por sua vez o portador de uma específica "informação estética" de natureza concreta. A consideração dos valores posicionais gráficos é, para a palavra como para o conjunto de palavras sôbre a superficie, tão evidente, portanto, como a utilização dos fatos fonéticos no limite dos fenômenos acústicos na linguagem falada. Fica também claro que, na medida em que a palavra, não a sentença, é a base material do texto, êste se liberta da distribuição linear, característica do âmbito informativo convencional da poesia clássica, passando ao arranjamento no plano.

Na nova teoria do texto, que é uma das partes integrantes da estética abstrata e exata, a pesquisa se desenvolve em três fases, sobretudo: ao lado das observações de ordem topológica (propriedades dimensionais e de proximidade), entram as de natureza semiótica (relativas aos signos) e estatística (relativas às freqüências). A análise do material, vale dizer, dos elementos concretos da obra de arte (ou seja, no caso, dos textos da poesia concreta) se executa de maneira topológica, semiótica e estatística. A fixação da denominada "informação estética" pressupõe uma caracterização dêsses três níveis.

O arranjamento no plano da poesia concreta concerne à caracterização topológica de seus textos. A bi-ou-pluridimensionalidade da informação estética é o problema de topologia do texto dessa espécie de poesia. No seu todo, as relações de proximidade das palavras de um conjunto ultrapassam, aqui, a relação linear, tal como é prescrita sintática ou gramaticalmentete numa proposição habitual de tipo sentença, num contexto clássico ou numa representação lingüística. A meta não são "textos-cadeias", mas "textos-superfícies".

Isto pode ser corroborado pela análise semiótica. Para êsse fim, introduz-se na estética a teoria dos signos elaborada por Peirce. De acôrdo com essa teoria, pode funcionar como signo tudo aquilo que é "interpretado" como signo. Pode ser interpretado como signo aquilo que pode assumir a função de um signo. A "função de signo" é fundamentalmente "triádica", ou seja, consiste em três elementos: aquilo que é utilizado como "signo", isto é, a forma material do signo; aquilo para que o signo deve ser utilizado, isto é, o "objeto" a ser designado; finalmente, aquêle que utiliza o signo ou para quem êle é utilizado, isto é, o "interpretante" como Peirce o denomina. Um signo S pode, portanto, ser definido mediante uma função sígnica triádica S, que se constitui através do próprio signo, do objeto e do interpretante, a saber: $S = Sf\ (S.\ O.\ I)$. Uma palavra é, evidentemente, nesse sentido, um signo, pois caracteriza uma função, que deve tomar em conta primeiro a própria palavra, em seguida o objeto por ela designado e, finalmente, aquêle que a utiliza dessa maneira ou para quem ela é utilizada. Peirce descobriu ademais que qualquer classificação dos signos tem que levar em consideração sua função triádica, desenvolvendo-se, assim, segundo o signo em si mesmo, o objeto designado ou o interpretante.

A classificação em relação ao objeto (da função sígnica) parece, em vários sentidos, ser a mais importante. Peirce distingue aqui *símbolo, ícone* e *índice*. Em relação ao objeto, o signo é mero símbolo quando apenas designa nominalmente o objeto; é porém ícone quando ocorre uma relação de analogia, de tal arte que signo e objeto tenham ao menos um sinal característico em comum; finalmente, o signo funciona em respeito ao objeto como índice quando possui uma relação real com êle. Uma palavra, tomada em si mesma, é portanto sempre símbolo; uma determinada categoria gramatical que, como o predicado, expressa esquemàticamente um valor posicional da palavra na frase é, como todo esquema, um ícone; mas uma palavra que se refere imediatamente a outra sucessiva ou anterior, como por exemplo a cópula "é", representa um índice. Já esta classificação dos signos em relação ao objeto da função sígnica deixa entender, com respeito às palavras no bojo de um texto de poesia concreta, que elas como tais, como acontecimentos materiais autônomos com seu mundo próprio, primàriamente não referidos a objetos no sentido do mundo exterior, não podem ser compreendidas como símbolos numa classificação que diz respeito ao objeto. Da mesma maneira, escapam também da relação de objeto icônica. Caracteriza, isto sim, os textos da poesia concreta o fato de que cada palavra, no conjunto, se refira às palavras circunvizinhas senão verbal, pelo menos visual ou vocalmente, ou indique, através da deformação gramatical (relativamente ao seu comportamento no dicionário) que exiba, seu possível valor posicional apofântico, sendo pois empregada de maneira pronunciadamente indicial. A informação estética de cunho material, autônoma, dos textos da poesia concreta é, primacialmente, de natureza indicial. Correspondentemente, a simultânea materialidade verbal, vocal e visual das palavras constitui sua faticidade [*Gegebenheit*] de maneira plenamente real, não ideal, irreal ou possível, e a realidade, dotada dessa peculiar autonomia, só é acessível à compreensão de maneira primacialmente indicial. Só em relação a êsse mundo próprio indicial dos textos da poesia concreta podem formar-se, no curso da evolução semiótica do texto, símbolos ou ícones. Gostaria de discutir êste problema tomando como exemplo um texto determinado, sôbre o qual Elisabeth Walther chamou-me a atenção. Trata-se do texto concreto "vai e vem", de José Lino Grünewald:

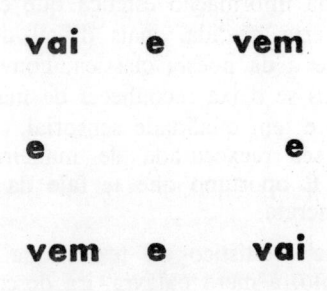

vai e vem

e   **e**

vem e vai

"Vai e "vem" têm o caráter sígnico de índice, dizem exatamente que há um "êle" que vai e vem. Também "e", a partícula que liga ir e vir, comparece como índice. A ordenação visual quadrática permite que o conjunto do índice seja lido da direita para a esquerda, da esquerda para a direita, de cima para baixo e de baixo para cima e ainda circularmente. Dessa maneira a superfície textual exprime o esquema do "para cá e para lá", do "para cima e para baixo", do "eterno retôrno". O conjunto do índice representa portanto, em sua totalidade visual, um ícone, que se relaciona tanto ao mundo próprio do texto como objeto, quanto a um processo do mundo exterior. Considere-se agora, ao lado da classificação dos signos que diz respeito ao objeto, aquela que se refere aos signos mesmos, na qual Peirce distingue o *qualisign* (qualidade que é um signo), o *sinsign* (objeto individual ou acontecimento que são um signo) e o *legisign* (lei ou tipo geral que se comportam como signo). Reparar-se-á que o texto de José Lino Grünewald pode ser caracterizado precisamente como *sinsign* indicial, que sòmente no nível visual ou vocal representa uma totalidade icônica. Esta análise permite verificar em que sentido e em que extensão pode-se atribuir à poesia concreta um "realismo semiótico" (distinto do "realismo semântico" de que falou E. Walther, por exemplo, em referência a textos de Ponge). À evidência, o processo estético global da poesia concreta, considerado da perspectiva da temática-do-ser, desenrola-se em primeira linha de maneira semiótica, ou seja, no plano do ser do signo, não de maneira semântica, no plano de predicados que possuem um valor de verdade, nem ônticamente, no plano do ser do existente, que é dado. A isto corresponde a sutileza ou o refinamento da informação estética que é comunicada. Ela é, em certa medida, mais difícil de perceber e apreender que a da poesia clássica, convencional. Só em raros casos se deixa reconhecer de maneira imediata e intuitiva e tem qualidade sensorial. No mais das vêzes, deve ser reexecutada de maneira intelectual, construtiva. É oportuno que se fale da microestética da poesia concreta.

O exame estatístico do texto, que, referindo-se, como de hábito, à mera palavra, irá descobrir nos textos concretos, fàcilmente, um vocabulário relativamente pequeno e uma freqüência relativamente alta de uma única e mesma palavra, só poderá manter-se dentro de sua conhecida definição básica, segundo a qual um texto representa uma quantidade de elementos articulados, se não tomar apenas as palavras como elementos e o respectivo número de sílabas como característica, mas introduzir ainda, de antemão, características numéricas para os valores posicionais das palavras na superfície do texto (com auxílio, por exemplo, de uma retícula, que fixe o lugar da palavra). Naturalmente, complica-se, dêste modo, o cálculo das "características de estilo" estatísticas, mas elas ganham em clareza. Verifica-se que a aparente monotonia verbal ou uniformidade dos textos da poesia concreta na realidade é altamente complexa. As palavras não são utilizadas simplesmente como elementos verbais, mas como elementos de determinadas classes de signos. Na poesia clássica, o processo estético desenvolve-se como formação do sentido das palavras. Na poesia concreta, o processo estético significa de fato um processo de signos material, que em princípio pode percorrer tôdas as classes de signos, para afinal levar a efeito uma única. Desde Ehrenfels, são reconhecidos dois processos estéticos, o da "configuração" [*Gestaltung*], formação de supersignos, e o da "pureza" (grau de ordem). Na poesia concreta, ocorre o caso peculiar de uma "configuração", que, com o crescente grau de "complexidade" (Moles), ganha também em "pureza". O processo de signos, que se desenrola na configuração dos textos da poesia concreta, revela-se, à análise estatística, como um processo que projeta o texto não como um mero conjunto de elementos articulados (Fucks), mas como um conjunto articulado de signos, um processo, pois, que permite distinguir a conjugação estética das classes de signos.

A poesia concreta só em pequena escala é possível de maneira intuitiva. Seu pricípio criativo do desvendamento estético da temática-de-signos das palavras é de natureza metódica.

A poesia concreta é, portanto, poesia consciente, que comunica sua realidade estética de maneira absoluta e total numa linguagem de signos cujas classes combina, e êstes signos são na verdade palavras, mas não tomadas como portadoras convencionais de significados e sim, estritamente, como portadoras construtivas de signos.

("Konkrete poesie", *Sprache in Technischen Zeitalter* (Texttheorie und konkrete Dichtung), Kohlhammer, Stuttgart, 15/1965. Republicado, com algumas modificações, em Max Bense, *Brasilianische Intelligenz*, Limes Verlag, Wiesbanden, 1965. Tradução brasileira: *Invenção*, ano 2, n. 3, junho de 1963, com base no datiloscrito de uma conferência de Max Bense pronunciada na Universidade de Freiburg, em janeiro de 1962, por ocasião da mostra "Konkrete Dichtung aus Brasilien", organizada pelo maestro Júlio Medaglia Filho.)

6. Fotoestética

Quero de início salientar que a estética moderna possui duas características que a levam a ocupar-se necessàriamente do problema fotografia: primeiro o fato de que é mais uma ciência técnica do que metafísica; segundo, o de que introduz o estético como uma espécie de informação, como "informação estética". Esta, transportada por um "sistema-suporte", torna-se perceptível na obra de arte. A estética moderna envolve de maneira crescente os processos técnicos da produção artística e pode mesmo auferir informação estética de sistemas-suporte técnicos.

Duas observações devem ainda ser acrescentadas: primeiro, que os totais de informação estética surgem

CONSTELAÇÃO/MOVIMENTO
Stuttgart, 1955
Fotos Alexandre Wollner

nberger
ARKASSE
Oeffentl. Beratungsstelle
ARKEN-
d des Aufbaus
schrift Postfach

exclusivamente com o processo físico-químico da fotografia. Donde decorre que também no domínio desta não se pode falar de uma preexistência do estético; aqui também o fato estético tem apenas a assim chamada correalidade: materiais e processos são pressupostos da realização; inexiste um *a priori* estético; a informação estética só pode ser um fato da experiência, tanto no que concerne à sua produção, como à sua percepção.

Uma comparação entre fotografia e pintura pode ter em vista as informações estéticas fornecidas e, ainda, os sistemas-suporte: técnico, na fotografia; artístico, na pintura. Se estas duas possibilidades forem confundidas ou não separadas de maneira bastante clara, podem ser emitidos juízos sôbre as afinidades entre produção artística e fotográfica que não serão sustentáveis.

Para maior clareza, deve ser feita uma classificação no domínio da informação estética, que também pode ser útil em outro sentido. O que, desde logo, permite discutir uma aproximação ou limitação recíproca entre pintura e fotografia. Refiro-me à distinção entre informação estética singular e generalizada. Informação estética singular é aquela pertinente a uma obra de arte determinada, que só se torna perceptível por meio desta, possuindo um sistema-suporte característico, específico; trata-se de uma informação estética vinculada portanto. Informação estética generalizada é aquela para cuja percepção não é necessária uma obra de arte expressamente criada nem tampouco um sistema-suporte específico. Como sistemas-suporte podem funcionar produtos técnicos, realizados por meio da máquina, como por exemplo uma "carrosserie" de automóvel. Trata-se de uma informação não vinculada.

Sustentamos a tese de que a informação estética de uma fotografia pertence à classe daquelas cujo sistema-suporte é de natureza técnica; isto quer dizer que, do ponto de vista de sua classificação, a informação produzida pela fotografia é informação estética generalizada.

Estrutura e forma, sempre que desempenham um papel estético efetivo, incluem-se, via de regra, na classe das informações estéticas generalizadas (fotos de nus e fragmentos de paisagem de Edward Weston,*Camera*

n. 4, 1958, são um bom exemplo disto), enquanto que o significado, quando funciona como signo estético, entra na classe das informações singulares.

Há porém algo mais a ser considerado. Em princípio, a fotografia se distingue pelo fato de que a cada ponto da superfície-imagem corresponde um ponto que lhe é exterior. Podem-se pois tirar conclusões sôbre relações reais a partir da distribuição estética percebida como informação estética de uma fotografia. Tôda fotografia exibe — "por si própria" — um sistema de coincidências, e, como se sabe, sôbre estas coincidências repousa em última análise a possibilidade de experiência do mundo real. Em tôda informação estética proporcionada por fotografia, por mais generalizada que seja e reduzida por recursos técnicos à forma ou à estrutura, estas relações reais estão realmente presentes (não de certa maneira sugeridas ou meramente possibilitadas, como por exemplo na pintura); trata-se de relações reais que, em certas circunstâncias, se deixam intepretar como "belo natural" no sentido do "eco" hegeliano do "belo artístico", e aqui se deve fazer notar que, muito provàvelmente, todo belo natural, exatamente através da concepção hegeliana do "eco" da "beleza artística", sòmente pode ser apreendido como informação estética generalizada.

À vista do exposto, pode-se compreender por que, em geral, o total da informação estética (isto é: a medida das decisões tomadas para a obtenção da informação) da fotografia é menor que o da pintura. O processo artístico, que se opera na fotografia e deve ser conduzido à informação estética, como processo seletivo livre e capaz de decisões, está sujeito à interrupção muito mais ràpidamente do que na pintura. Muito mais ràpidamente, quase já com a escolha do ponto de enfocamento, atinge a fotografia o momento em que começa a determinação integral da imagem, o que na pintura freqüentemente só ocorre com a última ou a penúltima pincelada. Também a pintura, seja ela abstrata, concreta ou figurativa, expressionista, impressionista ou tachista, é naturalmente um sistema de coincidências, mas de coincidências entre pontos da imagem (toques de pincel) e decisões da mão, visuais e tácteis, nunca entre pontos da imagem e pontos reais fìsicamente preexistentes. Esta limitação artística da informação estética da fotografia espelha-se no fato de que, sempre que a fotografia proporciona efetivamente o belo artístico, ela o faz como belo artístico generalizado no sentido de forma e estrutura, ou, em têrmos hegelianos, como "eco" de uma beleza escolhida da natureza ou de um belo artístico escolhido. Enquanto que a pintura não possui necessàriamente um "problema do mundo exterior", podendo ser uma representação ou imitação de mundos possíveis, não meramente reais, a fotografia, em princípio, tem sempre que lidar com um "problema do mundo exterior". Existe sempre um mínimo, pelo menos um mínimo dêsse mundo exterior na fotografia; absoluta abolição do mundo lhe é impossível, assim como absoluta invenção do mundo, pelo que parece que a pintura comparativamente tem mais possibilidades, sempre, de evitar estèticamente o cosmo-processo físico. Será talvez a consciência dêsse fato que nos dá a impressão de que a novidade e a originalidade de uma informação estética, em síntese: sua surpreendente inovação, estão mais próximas, como princípio, na pintura do que na fotografia.

O processo estético da pintura dirige-se à criação, o da fotografia à transmissão, ou, em têrmos da teoria da informação, a pintura, mais pronunciadamente do que a fotografia, se revela uma arte da "fonte", enquanto que esta última seria uma arte do "canal" (como também o teatro, por exemplo). Há pois para a fotografia problemas de codificação: ela transmite uma determinada modalidade visual de informação estética, fixada de maneira ótica por meio de um código (a grandeza do grânulo define por exemplo uma tal codificação), o qual pode ser transformado, decodificado. Ao invés, o que chamamos realização da informação estética na pintura não constitui codificação; na pintura, a informação estética aparece realizada, não cifrada. Todavia, a introdução do moderno processo de série na pintura atesta que são possíveis escalas intermediárias, que podem apresentar codificada a informação estética. No entanto, de maneira geral, permanece decisiva para a pintura a "matriz da criação" e para a fotografia a "matriz da transmissão".

Há pois linhas nítidas de demarcação entre a pintura e a fotografia, que nem por isso perturbam a cogitação da produtividade artística em ambos os casos. Mesmo na analogia os princípios dessa demarcação continuam de pé. Que não haja ilusões: aqui também ocorre uma clarificação recíproca no que tange à arte e seus princípios. De resto, o mundo e a civilização necessitam de uma contínua contribuição em informação estética. Não se pode, sem preconceitos, decidir antecipadamente quanto à maneira de sua realização metódica.

("Fotoaesthetik", *Das Kunstwerk*, Agis--Verlag, Krefed und Baden-Banden, 4-XII, outubro 1958. Tradução brasileira: página "Invenção", cit., 28 de fevereiro de 1960).

7. Brasília

Recordação para Wladimir Murtinho Mário Pedrosa Carmen Portinho Cabral de Melo Burle Max Pedro Xisto de Carvalho Haroldo e Augusto de Campos Grünewald Sylvia Barbosa Wollner e seu jeep Oscar Niemeyer Décio Pignatari e seu caderno vermelho Aloísio Magalhães Yeda Pitanguy Mário Barata a mãe de Sylvia Loengrin Mário Mutto Horácio Felippe Lopes Alcebíades Nascimento Waldemar Podkameri Alice Bens Senhor Baumann e Ilse Aurora Casanova Grisalba Pappelaria Plutarcho Wunderley Conceio Wang Annibal Napoleão Antônio Edmundo Pockstaller Hermann Zuckermann Armanda Carmen Mutzenbecher Rebecca Yanes. Com êste nome termina minha paisagem renana pois nestas pessoas ela finda. Longos surpreendentes e picantes como na rota Dacar Rio caldo de carne celestinas pãezinhos manteiga frango de leite ao vinho branco legumes tenros batatas com salsa salada mista creme de caramelo frutas frescas café bebidas à escolha e acima de tudo gin tônica.

Tudo vive. Tudo é cálido. Tudo é claro. A consciência tropical é consciência espermática predisposta e dirigida para aproximações contactos penetrações produções sem história-recordação, só história-criação nos chãos nos muros nas casas nas côres nas figuras nas fôlhas nos frutos nas seivas no esgoto sob os trapos na areia no cabelo entre filas nas casas nas madeiras nos minérios. Não melancólica e sim militante.

Doce presunto Wilson da Fazenda suculentos caranguejos empanados de Sylvia centenas de antepastos de Brasília o cafèzinho de São Paulo e a carne de sol desfiada no Copacabana Palace Avenida Atlântica considerada como se consideram pensamentos súbitos considerada como se consideram crianças considerada como se consideram brinquedos considerada como se armas. Espiritualidade como existência levantada contra a vida contra o calor contra a claridade para sobreviver não apenas em sonho em fôlhas de bananeira mas em frases em cidades em poemas em festas. Improvisação contínua como no futebol negro sábado à tarde na praia. Racional como a palmeira sôbre o asfalto sôbre a baia aterrada destas baías que se espalmam como mãos no mar nas costas dos dedos favelas nas fímbrias a pompa. Vegetação cartesiana na pobreza e na riqueza de um dia inteiro sociabilidade a que pertencem dança e sono como iguarias a iguarias sôbre o mar à margem da floresta sob a jaqueira entre os macacos do hipódromo numa construção baixa quase sôbre a varanda entre tapetes sob o véu janelas abertas cabelos entre-ondulando de um leve movimento profundamente e 35 graus. Não como será como é.

Encontro no Hotel Jaraguá em São Paulo no 20º andar. De manhã com os escritores concretos. De noite com os pintores concretos. Propus para a nova capital no imenso altiplano central porque me parecia significativo um monumento a Descartes. Um monumento concreto que representasse na mais extrema redução e na mais aguda separação êstes dois conceitos insondáveis do Discurso apenas Clarté e Obscurité. Pensara no cartaz verde de Maria Vieira para Brasília. Na grande superfície retangular com o pequeno quadrado vermelho látero-inferior à esquerda marcando 15°43'16" de latitude sul e 47°53'49" de longitude oeste de Greenwich. Entendia-se esta insinuação da dióptrica com um motivo simultâneamente concreto e cartesiano que dominou todos os processos e estruturas dessa fundação de cidade e entendia-se também que o pensamento algorítmico cuja generalidade Descartes sempre sustentou aqui conduziu a um lúcido exemplo do antiprovincianismo da consciência tropical ao mesmo tempo que se adjudicava à cidade um distrito federal para suspender dialèticamente todos os Estados doce-amargos dêsse país desmesurado na mais elevada categoria de uma existência projetada radical e experimental. As palavras não se esvaíam para sempre. Idéias lantejoulam sôbre a conversa que não tem mais fim. Demoras não contam. Gosto do caderno vermelho e delgado que Décio Pignatari publicou em 1960 e que em cada uma das poucas páginas repete sòmente a palavra organismo impressa em corpo cada vez maior até que afinal resta apenas um grande e aberto O negro que nos medusa. Este estímulo do ôlho esta amputação dos significados esta deslocação total para a percepção êste crescimento do signo sôbre o plano êste resto êste remanescente que não está acabado e queda interrompido e pleno de significação são os elementos próprios da inteligência brasileira.

Horizonte lunar de Brasília. Branco e vermelho. Jamais a esquecerei.

A cidade como cartaz no prato do maquis. Construções como peles de esconderijos hàbitáveis. Conchas brilhantes emborcadas sôbre poder e oposição. Meio-dia de praças vazias. Crepúsculo de portas plenas. Uma raia em espiral lucilando deixa para trás uma capela. Massas penetradas em lugar de irrompentes. Logo o extremo oposto de Roma. Arbustos e cerâmica entre os palácios. Pistas de ruas incisas indicam a topografia do subterrâneo. Claridade perfeita contra sombra perfeita. Termiteiros nos jardins e casulos de cigarras que se tiram de um galho não são apenas provas da vida e da morte que resistem à paisagem de cimento

BRASÍLIA, 1970
Foto Marco Antonio

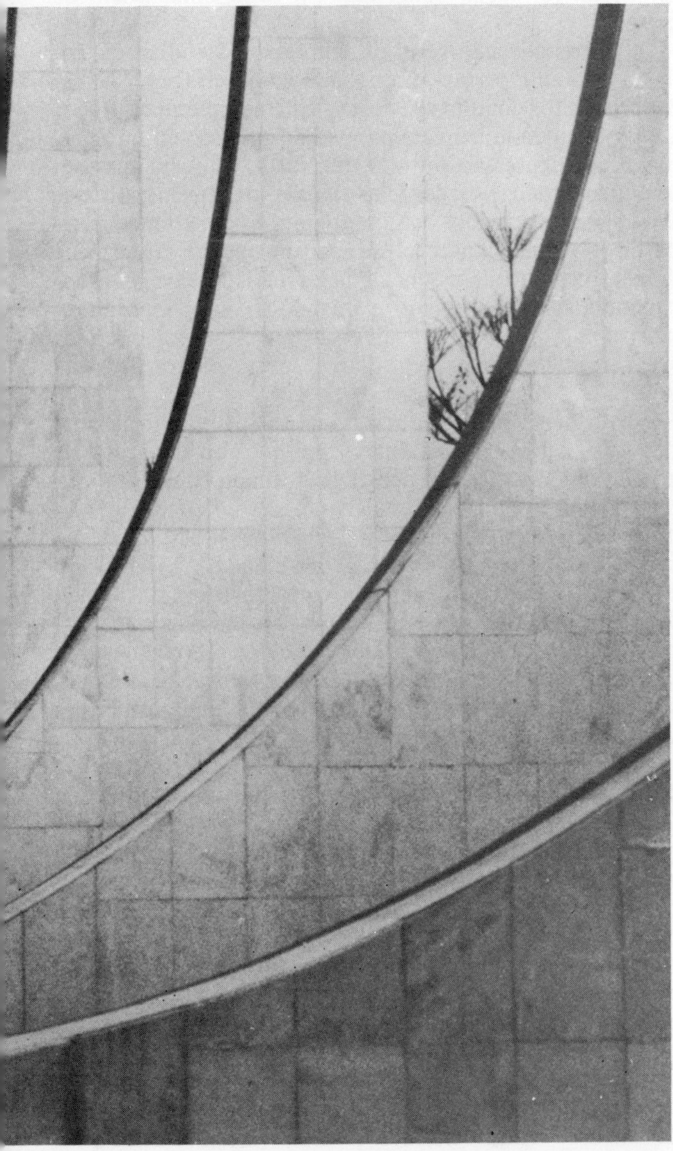

como também modelos de uma existência cujo urbanismo exterior exprime uma temática-do-ser íntima. O efeito cutâneo da civilização conserva a profundidade na superfície e as dores da gênese na fruição do presen.-te. Transformação coagulada em cada olhar cheio de coisas.

A cristalização geral de que falava Stendhal em relação ao amor perfaz-se ampliada como criação. Assim os propósitos iniludíveis do espírito assumem os traços da prodigalidade tropical na medida mesma em que permanecem expressão de uma felicidade humana mas serenamente dêles se despem quando o pensamento nas dúvidas que a todos assaltam impõe comedimento ao pathos. A navalha cruel de Occam que só gostaria de deixar restando as essencialidades indispensáveis rasoura também êste altiplano e quando as lâmpadas iluminam uma solidão que é diversa da americana ouvimos seu rascar. De agora em diante aposto contra o desespêro.

Mulheres nas ruas nas fazendas nos quartos diante das lojas à beira do Atlântico têm que ter alvos iniciais e não sòmente acasos. Pais transformam filhas em mulheres comprando-lhes uma casa. Propriedade que limita a liberdade do amor antecipando-o. Mudez profunda de abutres sôbre o lixo da cidade. Mortos sob clorato de cálcio no cimento. Arcos das avenidas tocam as matas. Tardes chegam com a rapidez de gestos. O mar do Rio espanca as ruas. Chuva e carnaval como fenômenos de expectativa. Ônibus amarelos perdem sùbitamente uma roda. Nada de velhos como cruzeiros gastos em circulação no poder.

Vôo ou fantasia do Rio para São Paulo ao cair da noite para uma entrevista. Rápido como um telefonema. O elementar e o prospectivo se revelam no melhor domínio do mundo dos sinais. Basta levantar a mão. O golpe de vista supera o ôlho. Regras de tráfego pertencem ao sistema aberto da improvisação. Linhas aéreas e cabos telegráficos definem uma idéia de vizinhança frente à qual não prospera a sensação de saudade. Confins esmorecendo. O olhar desce do aeroporto de Congonhas sôbre São Paulo e desvenda a cidade monstro quase inteiriço de blocos e cubos eretos de fôrça concreta império compacto de espírito e de comércio. Em cada quarto um pensamento em Mato Grosso e em peles de onças. Tôda estória é já uma viagem fluvial pelo

Amazonas. E nenhuma beleza é maliciosa. Sentar-se e partir são privilégios dos pioneiros. Lugares para ficar de pé difamam a velocidade. Sòmente onde o ato de sentar tem uma significação humana os lazeres e a greve são processos legítimos da justiça. A compreensão da função vai mais longe do que a percepção das coisas. A máscara se gasta não a personagem. A selva só continua a tolerar o amante platônico e se defende pèrfidamente contra o conquistador. Sua dialética não reconhece nenhum salto para a qualidade mais alta. Ela manipula a negação concentrando a produtividade mais intensamente do que a aniquilação. Não querer ser conscientemente uma cidade tropical em terno azul marinho camisa branca e gravata é querer ser conscientemente uma cidade tropical não em terno azul marinho nem em camisa branca nem de gravata.

Wladimir Murtinho indicou Mário Pedrosa indicou Carmen Portinho indicou Cabral de Melo indicou Magalhães indicou Augusto de Campos indicou Haroldo indicou Wollner indicou dia e noite sem Beckett fachadas de Volpi o público do Rio a idéia dos versos diante do aeroporto de Brasília os cubos de tijolo e o E a linguagem de Rosa o Noigandres a pequena galeria. Como por si próprias palavras e frases se revestem de abóbadas e concavidades. Amanhã não é amanhã não é depois de amanhã. Também o texto admite medalhões que pertencem à categoria do ornamento. Criaturas cuja inteligência preserva ainda o caráter originário da improvisação fruem a pureza espiritual de sua felicidade na predileção por palavras. Se algo está aí que é é algo que de outra forma não seria algo. Quando a noite cair os algos se escaparão. Quando o vento soprar êles se reunirão. Quando chega a hora o mover das mãos perpassa de nôvo sôbre o papel e esmerilha os velhos tipos para novidades. Mesmo no maior calor as palavras não se corrompem e continuam sons. Nunca temor e tremor. Nunca pejo e pesar. Os rios não esperam. O Iridi não confessa. A mata virgem não conhece nenhum nada. Os poetas nada inominado. A praia nenhum fim de partida. O dia nenhuma última fita. Petrópolis sòmente verde. Esperança nenhum princípio enfeite. A história é expansão não passado. O eu que se aparta dela dentro de um pequeno estôjo alto e célere sôbre o Atlântico enreda-se numa consciência que

CARNAVAL RIO, 1959
Foto *Alexandre Wollner*

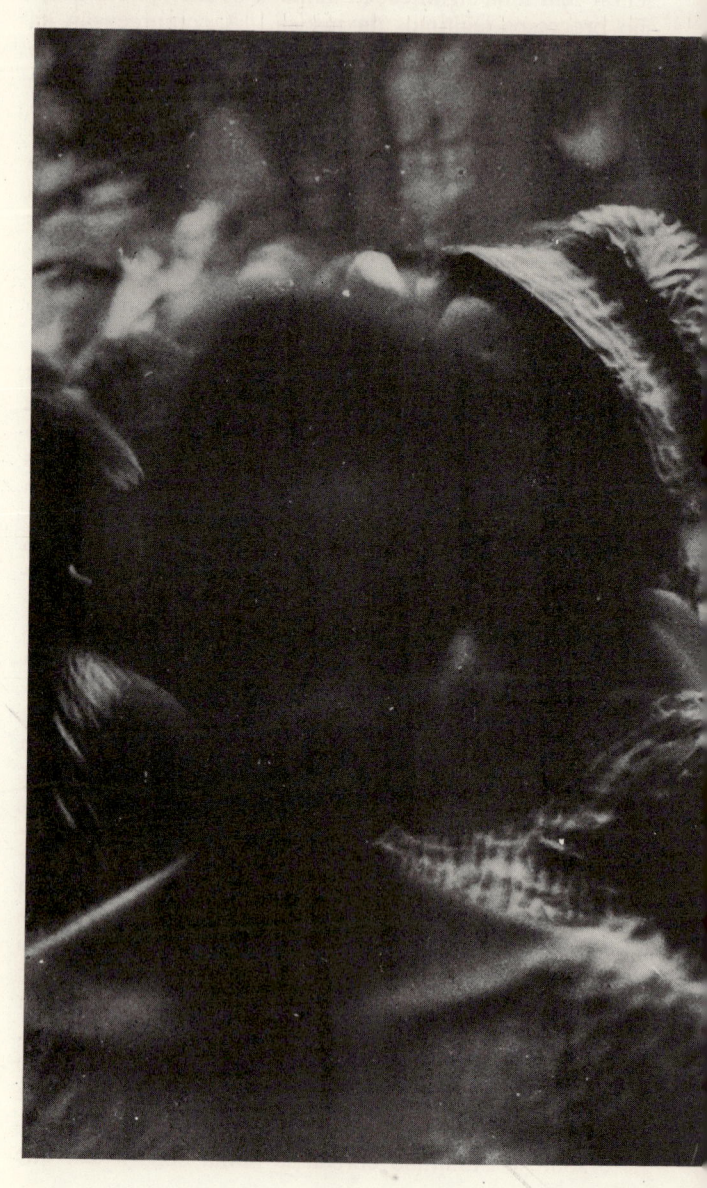

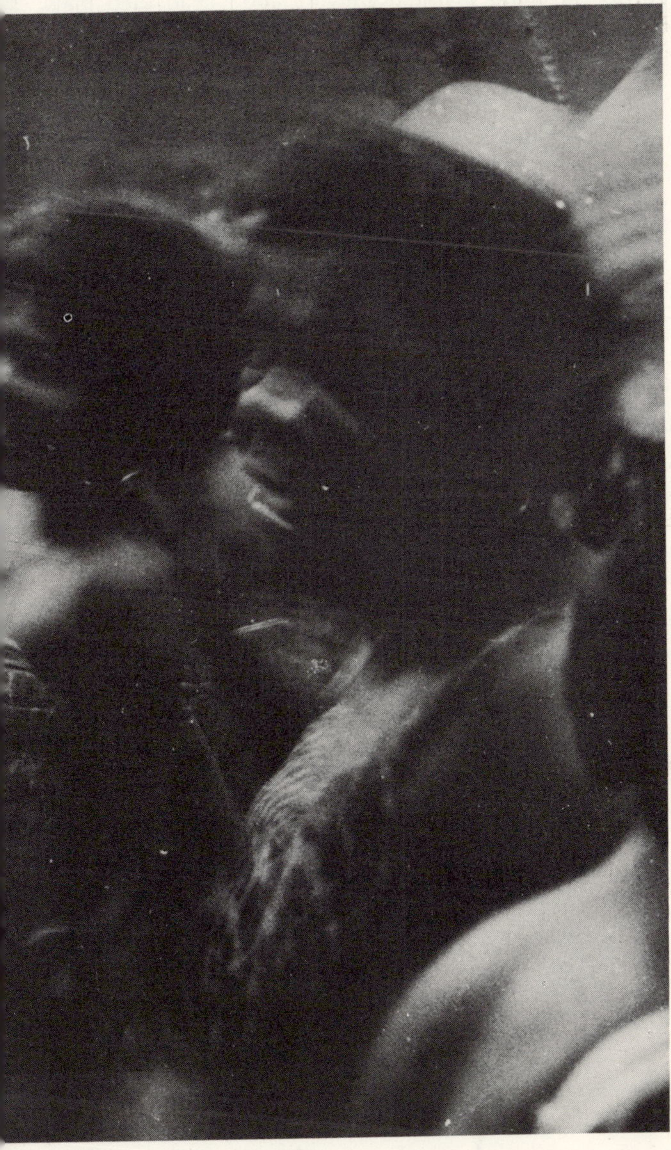

só muito tarde reconhece seus espantosos descaminhos. Morto é morto. Mas a duração da decomposição não é nunca igual. O quadrado se destaca entre as raias poligonais. Quem estava ali deixa para trás pensa repensa antepensa como pensa desmemoriado. Não digo mais foi como é digo é como nunca foi.

(De *Entwurf einer Rheinlandschaft*, Kiepenheuer und Witsch, Colônia, 1962. Tradução brasileira: *Invenção*, ano I, n. 2, 2.o trimestre 1962)

8. Lygia Clark: objetos variáveis

Nós nos movemos num mundo de objetos feitos artificialmente, mas é significativo que êsses objetos se dividam em construtivos e não-construtivos. Por objeto construtivo, em sentido absoluto, queremos entender aquêle objeto que é produzido metòdicamente ao cabo de muitos passos conscientes da decisão e da manipulação do artista; por objeto não-construtivo, na acepção absoluta, aquêle que não pode resultar, cônscia e metòdicamente, da execução de tais passos, cujo ser provém de um ato não decomponível e não repetível. Essa diferença criativa, essa tensão entre duas possibilidades da atividade artística, torna manifesto, no âmbito da arte moderna, o problema estético fundamental do objeto. Quando se considera que os casos absolutos só existem de um ponto de vista ideal, vê-se que, na realidade, são objetos de trânsito, da zona intermédia, aquêles sôbre cuja existência estética se discute. O que se ganhará em surprêsa, em inovação, em originalidade, quando a antecipação construtiva é ilacunar? O que será acessível à comunicação, quando nada é ordenável, nada obedece a um plano e tudo é entregue à franquia do acaso? Os objetos artificiais criados por Lygia Clark são verdadeiros entre-objetos. Ligam a estabilidade variável de um suporte material com a fragilidade variável da informação estética. Trata-se, porém, de uma variabilidade vinculada, e através dela êsses objetos artificiais e artísticos correspondem simultâneamente tanto a uma possível determinação como a uma possível indeterminação. Ademais, mediante essa variabilidade, manipulável igualmente seja pelo artista seja pelo espectador, mediante êsse jôgo de ações tácteis, a reflexão perceptiva é instalada no bojo da comunicação.

Os objetos artísticos transformáveis de Lygia Clark contêm elementos matemáticos na medida em que êles admitem o caráter de objetos construtivos e sòmente enquanto contêm elementos matemáticos são êles construtivos; e contêm elementos cinéticos, na medida em que podem ser improvisados e se avizinham do conceito de objetos não-construtivos. Lygia Clark fundou em 1959, com seus companheiros, entre os quais se contavam Aloísio Carvão, Theon Spanudis, Franz Weissmann, Ferreira Gullar, o grupo Neoconcreto, que incluía, ao lado de pintores e escultores, também escritores. Enquanto que a produção literária do grupo não conseguiu atingir o nível alcançado por "Noigandres" (o grupo dos poetas concretos de São Paulo), Lygia Clark fixou, de sua parte, seu próprio ponto de vista estético na conjunção das tendências não figurativas, suprematistas e neoplasticistas de Mondrian, Pevsner, Gabo, Vantongerloo e Maliévitch. Mario Pedrosa, em seu belo ensaio "A significação de Lygia Clark", salienta com razão que a essência do seu neoconcretismo consiste na tentativa de superar a intenção estática que há na rigidez das formas do geometrismo, em favor de uma apresentação espacial dinâmica ou cinética, e de criar objetos artísticos como construções espácio-temporais (por assim dizer, pluridimensionais).

BICHO/ESCULTURA DE LYGIA CLARK
do Catálogo *Variable Objekte*,
Stuttgart, 1964.

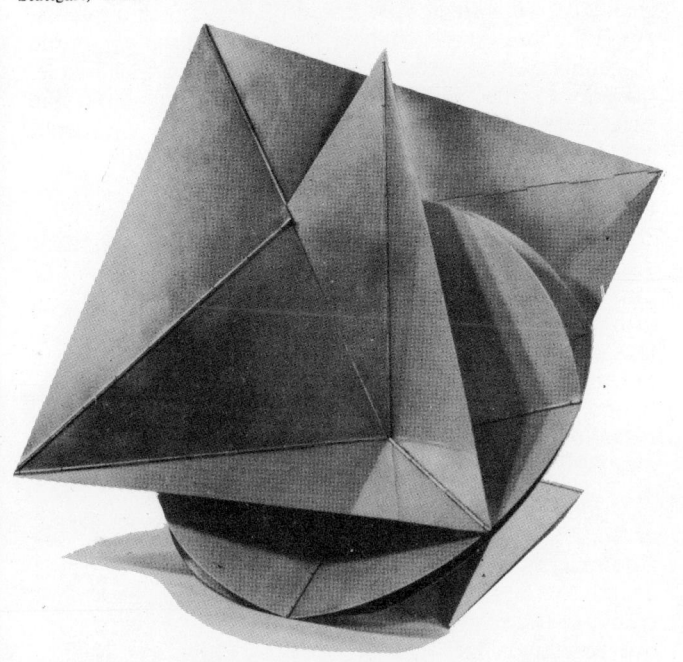

Mas não se trata pròpriamente de "mouvement", no tocante a esta espécie de escultura. E sem embargo, o princípio do "mobile", pelo qual a inteligência brasileira parece ter tanta predileção, nela entra em uma versão extremamente metódica e conduz os objetos variáveis, à maneira de uma ponte, para o conjunto da mais recente arte cinética como o pólo mais oposto possível à figuração estática de Bruno Giorgi. Na medida extrema em que as esculturas de Giorgi entendem a função comunicativa da arte como representação e como proclamação, essa função, em Lygia Clark, se manifesta como tomada de contacto e forma de convivência, numa guinada decidida contra o mundo distanciado do platonismo, porém na direção de uma positividade atual.

("Lygia Clark — Variable Objekte", no catálogo da exposição da escultora, Studium Generale / Technische Hochschule, Stuttgart, 1964. Tradução brasileira: *Correio da Manhã*, Rio de Janeiro, 1º de março de 1964.)

9. Mira Schendel: reduções gráficas

uma arte de vazios
onde a extrema redundância começa a gerar informação
original
uma arte de palavras e de quase palavras
onde o signo gráfico veste e desveste vela e desvela
súbitos valôres semânticos
uma arte de alfabetos constelados
de letras-abelhas enxameadas ou solitárias
a-b-(li)-aa
onde o dígito dispersa seus avatares
num transformismo que visa ao ideograma de si mesmo
que força o digital a converter-se em analógico
uma arte de linhas que se precipitam

e se confrontam por mínimos vertiginosos de espaço
sem embargo habitados por distâncias insondáveis
de anos-luz
uma arte onde a côr pode ser o nome da côr
e a figura o comentário da figura
para que entre significante e significado
circule outra vez a surprêsa
uma arte-escritura
uma semiótica arte de ícones índices símbolos
que deixa no branco da página seu rastro numinoso
esta a arte de mira schendel.

entrar no planetarium onde suas composições
se suspendem   desenhos estelares
e ouvir o silêncio como um pássaro de avessos
sôbre um ramo de apenas
gorgear seus haicais absolutos.

haroldo de campos, 1966

MIRA SCHENDEL
Desenhos do Catálogo *Grafische Reduktionen*,
Stuttgart, 1967.

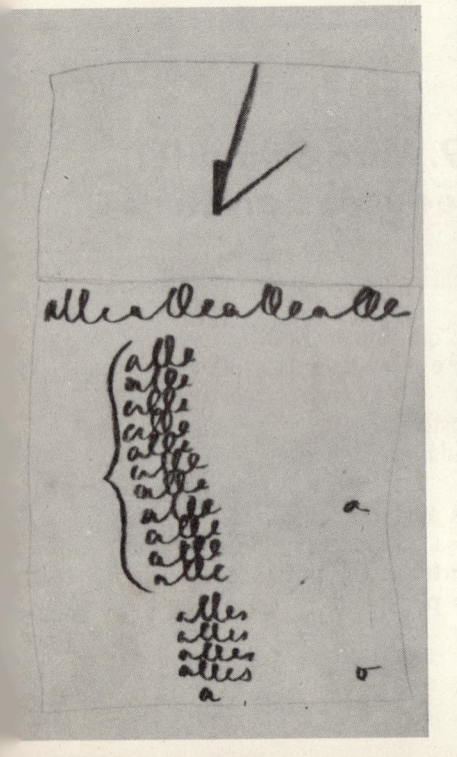

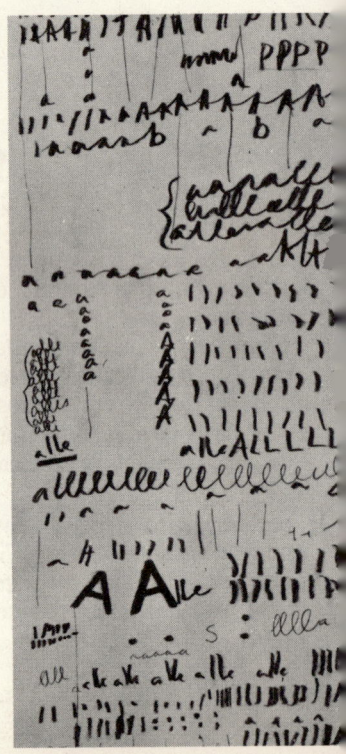

max bense: sôbre mira schendel

depois que meu amigo haroldo de campos introduziu êstes caligramas gráficos, eu gostaria de desintroduzi-los. desta maneira êles ficam engastados em palavras; êles, de certo modo, emergem delas, para nelas de nôvo reimergirem; desvio do escrito, dispersão do anotado, sua redução gráfica suspende a estrutura lingüística em favor da pictórica.

uma letra comporta-se como um ponto, a cadeia das letras como uma linha, e várias letras-linhas determinam superfícies, contornando-as ou abrindo-as de plano no espaço. reduções, pois apenas poucas letras do alfabeto são utilizadas gràficamente e assim mesmo quase sempre restituídas a seu leve rastro. distribuições, pois o dispersar e abolir das figuras de uma escrita possível persegue apenas propósitos estéticos. transformações, pois a letra aqui não é um mero pretexto para a expressão ou supressão de um texto efetivo. palavras, que se tornem perceptíveis, serão casuais eventos-de-palavras no percurso visual dos traços dos dedos sôbre o papel, leves mas veementes, elaborados por mão que reflete entre o enlace e o desenlace, movendo-se para cá e para lá, guiada apenas pelo ôlho e pelo impulso do percebido. sòmente o que é visível é ação e a ação produz sòmente a visibilidade. tudo é muito substancial, o traçado das figuras e a escolha do papel, a intensidade do risco, a dilação nas curvaturas, o elegante, o preguiçoso, o grácil, o concluso e o abrupto, o aforístico e o casuístico, o que se faz de um cabelo e o que pode ser uma viga. aquilo que se passa, passa-se sôbre a mais extrema pele da substância do mundo, ali onde o mundo poderia começar a infiltrar-se na consciência, na linguagem.

> (os textos de haroldo de campos e max bense aqui republicados foram estampados no catálogo da exposição de desenhos de mira schendel, studium generale/technische hochschule, stuttgart, 1967; integraram, depois, o caderno n. 29 da série *rot*: mira schendel, *grafische reduktionen*).

10. A fantasia racional

Entrevista de Max Bense a Haroldo de Campos

Como São Paulo era Oswald de Andrade — e perdeu muito de seu "caráter" (no sentido inglês da palavra), de sua personalidade cultural, com a morte de Oswald, — assim Stuttgart é Max Bense. Bense é um Oswald de Andrade dotado de formação matemática, e isto fará bem compreender ao leitor brasileiro a "forma mentis", a maneira de ser do singular filósofo e artista que está hoje à testa da Cadeira de Filosofia da Escola Politécnica da grande cidade suábia. E fará também êsse leitor entender a surpreendente identificação de Max Bense com o Brasil.

Quando se entra no "Studium Generale", edifício anexo à Cadeira de Filosofia regida por Max Bense, a primeira impressão que se tem é de que se está numa "Casa do Brasil" desprovida dos formalismos oficiais. Face à mesa de trabalho do filósofo, objetos que recordam nosso país. Pelas paredes, fotos de nossa arquitetura, páginas do *Jornal do Brasil,* do *Estado de São Paulo,* do *Correio Paulistano,* com publicações do grupo "Noigandres" de poesia concreta, poemas-cartazes visuais em português, etc. Bense é incansável no seu interêsse pelas coisas vivas da cultura brasileira: passando por cima do exótico fácil, daquilo que Oswald chamou de "macumba para turistas", Bense vai alcançar a dimensão crítica do espírito brasileiro, o cartesianismo de um lado e, de outro, o que há de orgânico, de espermático, de improvisação criativa na consciência tropical. Não por mera coincidência, no seu último livro, *Die praezisen Vergnuegen* (Os prazeres precisos), Limes Verlag, 1964, há um texto denominado "New Cannibalism" e que poderia ter sido dedicado ao Oswald que escreveu: "Tupy or not tupy, that is the question".

Max Bense, muito ao contrário da imagem convencional que se tem do professor acadêmico, entrincheirado na fortaleza seródia do seu "magister dixit", é um professor que nunca nos faz esquecer a sua qualidade de artista, de escritor, de criador. Está sempre aberto à discussão, inquieto e irreverente no fogo cruzado das perguntas e respostas como o mais jovem de seus discípulos. Vi-o mais de uma vez em ação, no seu âmbito preferido a aula-conferência-debate —, fascinando os assistentes e confundindo os opositores com o seu poder verbal, com a sua dialética precisa, com o seu humor contundente. Seja desenvolvendo uma interpretação cibernética de Kant ("O conceito de objeto em Kant"), para a classe de filosofia; seja abordando o problema do "espaço topológico", a convite da Faculdade de Arquitetura (e falando, necessàriamente, do urbanismo de Brasília...); seja apresentando, num debate com professôres de história da arte — e não sem lhes fazer um "frisson" de pânico — a análise estatística de três quadros de Rembrandt (submetidos a um processo de retícula, os quadros fornecem para o cálculo matemático da entropia e, pois, da informação estética, o grau de distribuição de claro e escuro; não deixa de ser curioso que, de um modo quase constante, o cálculo da entropia referende a sensibilidade treinada, quando se quer saber qual dos quadros analisados seria o mais "belo", isto é, forneceria o maior índice de informação estética; que isto depõe eloqüentemente em favor da materialidade e da objetividade da obra de arte, não há dúvida; repetida mais tarde em Munique, na televisão, a análise bensiana despertou o mais vivo interêsse, e, como não poderia deixar de ser, uma saudável polêmica...).

Mas estas palavras iniciais não visam senão a introduzir a entrevista especial que me deu Max Bense em Stuttgart, em meados de março de 1964, sôbre problemas de estética e literatura. Antes de passar a ela, resumirei, para completar o perfil do filósofo Bense, o que me disse a seu respeito Tomás Maldonado, o pintor e pedagogo argentino, ora membro do Colégio de Reitores da Escola Superior da Forma, em Ulm. É já conhecida entre nós a questão de Ulm, e como se retiraram da Escola, há tempos, por discordâncias de ordem teórica e docente, Max Bill, Bense e outros. Pois não obstante, disse-me Maldonado — cuja aguda inteligência e combatividade tìpicamente sul-americanas o guindaram ao pôsto que ocupa: "— Outros puderam ser substituídos. Mas a retirada de Bense abriu uma lacuna até agora não preenchida. Tenho muitas divergências em relação a Bense no plano teórico, mas não posso deixar de reconhecer que êle é um homem raro na Alemanha de hoje e que a êle deve muito a formulação de uma nova estética".*

Passemos, então, à entrevista, sob a forma de perguntas e respostas:

HC — Quais são os autores mais importantes para a moderna estética, em sua opinião, e por que razão?

MB — Hegel. Com Hegel começa a moderna filosofia da estética. Hegel é moderno porque, para êle, o processo estético é separado dos processos físicos. **

* *N. do O.*: Em livro recente, *La Speranza Progettuale*, Einaudi, 1970, T. Maldonado exprime seu reconhecimento da contribuição precursora de Bense e também suas reservas em relação a certos aspectos de sua estética.

**N. do O.*: Em sua *Aethetica*, 1965, Bense atribuirá essa posição fundadora a Galileu.

Hegel, porém, de outro ângulo, é reacionário, no sentido de que sua estética é um sistema de interpretação, não um sistema de determinação e mensuração. G.T. Fechner (1801-1887): a lei de Fechner e Weber, lei logarítmica para obter números sôbre o grau das impressões estéticas. Christian von Ehrenfels (1859-1932): teoria da "gestalt" e teoria da "pureza" estéticas; segundo êle, há dois métodos para se obter um estado estético: "gestaltung" (exemplo: uma rosa) e "pureza" (exemplo: um cristal). C. Wiener (1826-1896), matemático de Karlsruhe: teoria sôbre o lineamento estético. Adolf Zeising (1810-1876), cujas *Investigações estéticas* são de 1855: teoria da proporcionalidade. Os últimos citados podem ser considerados os fundadores de uma estética matemática. G.D. Birkhoff, matemático norte-americano (1884-1944): teoria da "medida estética". Max Bense e Abraham Moles: teoria da "informação estética" (Moles sobretudo no tocante à música). G. Herdan: estudo da linguagem como processo de seleção e acaso. Fucks: análise das constantes estatísticas da linguagem. Andreas Speiser, matemático suíço: teoria dos grupos como base de uma teoria dos ornamentos (um grupo é uma configuração altamente redundante). Whitehead interessa no que diz respeito ao seu conceito de "realização", desenvolvido com base numa teoria das possibilidades. Peirce: o criador da semiótica.

HC — Qual a contribuição da chamada "estética marxista" para a nova estética?

MB — Marx, com a teoria da materialidade, porque a estética moderna é de cunho material. Pavlov e Lukács contribuem com a teoria dos sinais e do reflexo. Lukács é o mais importante crítico marxista. Sua estética, porém, como a de Hegel, é de tipo interpretativo e, nesse sentido, ultrapassada. De um modo geral, a contribuição da estética marxista para a moderna estética pròpriamente dita é pequena.

HC — Quais os mais importantes escritores alemães da atualidade?

MB — Arno Schmidt, na prosa. Helmut Heissenbüttel, na poesia. Entre os jovens, dos quais se pode esperar algo, estão: Ferdinand Kriwet, Ludwig Harig, Hans Helms, Claus Bremer, Peter Weiss.

HC — Quais os mais importantes escritores alemães do passado recente?

MB — Walter Benjamin, Thomas Mann, Alfred Doeblin, Arno Holz, Trakl, August Stramm, Kurt Schwitters, Gottfried Benn. Êste último é importante como poeta e como prosador: sua prosa-montagem em *Der Ptolemaer* (O Ptolemaico) é precursora da prosa de Arno Schmidt.

HC — Que pensa de Walter Benjamin, Ernst Bloch, Lukács e Adorno?

MB — Benjamin é o maior estilista da língua alemã moderna. Autor de uma prosa compacta, épica e ensaística ao mesmo tempo. Sua prosa fornece o máximo de informação estética que se pode obter através de uma prosa ensaística e semântica. O livro de recordações de sua infância em Berlim é um extraordinário exemplo dessa prosa. Do ponto de vista das idéias, o pensamento de Benjamin tem raiz hegeliana. Ernest Bloch não faz filosofia, mas excelente literatura. Trata-se de uma prosa filosófica sem método filosófico. Prosa de contemplação e reflexão. E dialética: a dialética é sempre uma questão de redundância... Lukács: como já disse, o mais importante teórico da estética na tradição de Hegel, ou seja, na linha de uma estética interpretativa e histórica. Trata-se de uma estética filosófica e não tecnológica, e, como tal, fechada, conclusa, acabada. Adorno: representa a última possibilidade de escrever num estilo hegeliano-dialético.

HC — Qual, em síntese, o objetivo de sua nova estética?

MB — Dar uma explicação da realidade estética como uma realidade autônoma face à realidade física. Trata-se de fazer uma descrição da realidade estética através de meios matemáticos. A realidade estética é constituída por processos que são o contrário dos processos físicos. O máximo de entropia no mundo é a finalidade dos processos físicos. A finalidade dos processos estéticos é o mínimo de entropia (entropia = desordem).

FIGURA/FUNDO
Ulm, 1957.
Foto Alexandre Wollner

HC — Qual, em sua opinião, o futuro das artes e em particular da poesia?

MB — O problema está em saber se as artes e a poesia saberão encontrar métodos intelectuais ou maquinais para a realização de estados estéticos originais e inovadores. Trata-se de alcançar uma nova forma de "fantasia racional". O futuro da poesia e das artes está em se obter uma convergência *assintótica* entre método e fantasia (*assíntota*: linha que se aproxima cada vez mais de uma curva dada sem jamais encontrá-la dentro de uma distância finita; do gr. *asymptotos,* que não caı junto; *nota de HC*).

(Entrevista publicada no *Correio da Manhã,* Rio de Janeiro, 9 de maio de 1964).

COLEÇÃO DEBATES

1. *A Personagem de Ficção*, A. Rosenfeld, A. Cândido, Décio de A. Prado, Paulo Emílio S. Gomes.
2. *Informação. Linguagem. Comunicação*, Décio Pignatari.
3. *O Balanço da Bossa*, Augusto de Campos.
4. *Obra Aberta*, Umberto Eco.
5. *Sexo e Temperamento*, Margaret Mead.
6. *Fim do Povo Judeu?*, George Friedmann
7. *Texto/Contexto*, Anatol Rosenfeld.
8. *O Sentido e a Máscara*, Gerd A. Bornheim.
9. *Problemas de Física Moderna*, W. Heisenberg, E. Schroedinger, Max Born, Pierre Auger.

10. *Distúrbios Emocionais e Anti-Semitismo*, N. W. Ackerman e M. Jahoda.

11. *Barroco Mineiro*, Lourival Gomes Machado.

12. *Kafka: pró e contra*, Günther Anders.

13. *Nova História e Nôvo Mundo*, Frédéric Mauro.

14. *As Estruturas Narrativas*, Tzvetan Todorov.

15. *Sociologia do Esporte*, Georges Magnane.

16. *A Arte no Horizonte do Provável*, Haroldo de Campos.

17. *O Dorso do Tigre*, Benedito Nunes.

18. *Quadro da Arquitetura no Brasil*, Nestor Goulart Reis Filho.

19. *Apocalípticos e Integrados*, Umberto Eco.

20. *Babel & Antibabel*, Paulo Rónai.

21. *Planejamento no Brasil*, Betty Mindlin Lafer.

22. *Lingüística. Poética. Cinema*, Roman Jakobson.

23. *LSD*, John Cashman.

24. *Crítica e Verdade*, Roland Barthes.

25. *Raça e Ciência I*, Juan Comas e outros.

26. *Shazam!*, Álvaro de Moya.

27. *As Artes Plásticas na Semana de 22*, Aracy Amaral.

28. *História e Ideologia*, Francisco Iglésias.

29. *Peru: Da Oligarquia Econômica à Militar*, Arnaldo Pedroso D'Horta.

30. *Pequena Estética*, Max Bense.

31. *O Socialismo Utópico*, Martin Buber.

32. *A Tragédia Grega*, Albin Lesky.

33. *Filosofia em Nova Chave*, Susanne K. Langer.

34. *Tradição, Ciência do Povo*, Luís da Câmara Cascudo.

35. *O Lúdico e as Projeções do Mundo Barroco*, Affonso Ávila.

36. *Sartre*, Gerd A. Bornheim.

37. *Urbanismo e Planejamento*, Le Corbusier.

38. *A Religião e o Surgimento do Capitalismo*, R. H. Tawney.
39. *A Poética de Maiakóvski*, Bóris Schnaiderman.
40. *O Visível e o Invisível*, Merleau-Ponty.
41. *A Multidão Solitária*, David Riesman.

SÍMBOLO S.A. INDÚSTRIAS GRÁFICAS
Rua General Flores 518 522 525
Telefones 51 6173 52 1209
São Paulo Capital Brasil

ARTE

LIVRO